V&R

Jochen Schweitzer / Elisabeth Nicolai

SYMPAthische Psychiatrie

Handbuch systemisch-
familienorientierter Arbeit

Mit 16 Abbildungen und 5 Tabellen

Vandenhoeck & Ruprecht

Bibliografische Information der Deutschen Nationalbibliothek
Die Deutsche Nationalbibliothek verzeichnet diese Publikation in der
Deutschen Nationalbibliografie; detaillierte bibliografische Daten sind im
Internet über http://dnb.d-nb.de abrufbar.

ISBN 978-3-525-40162-0

© 2010, Vandenhoeck & Ruprecht GmbH & Co. KG, Göttingen / www.v-r.de
Alle Rechte vorbehalten. Das Werk und seine Teile sind urheberrechtlich
geschützt. Jede Verwertung in anderen als den gesetzlich zugelassenen Fällen
bedarf der vorherigen schriftlichen Einwilligung des Verlages. Hinweis zu
§ 52a UrhG: Weder das Werk noch seine Teile dürfen ohne vorherige schriftliche Einwilligung des Verlages öffentlich zugänglich gemacht werden. Dies
gilt auch bei einer entsprechenden Nutzung für Lehr- und Unterrichtszwecke.
Printed in Germany.
Satz: textformart, Daniela Weiland, Göttingen
Druck und Bindung: ⊕ Hubert & Co., Göttingen

Gedruckt auf alterungsbeständigem Papier.

Inhalt

1 Vorwort 9

2 Das SYMPA-Projekt 11

   2.1 Was ist eigentlich SYMPA? 11
   2.2 SYMPA – Die Projektgeschichte 12
   2.3 SYMPA – Die Akteure und ihr Einsatz 19

3 Theorie systemischer Psychiatrie 21

   3.1 Übersicht 21
   3.2 Erzähltes, gelebtes, erlebtes Leben:
       Psychiatrie als Kommunikation 22
   3.3 Therapie, Fürsorge, Asyl und Zwang:
       Kontexte systemisch-psychiatrischer Tätigkeiten ... 23
   3.4 Psychiatrie und Familie:
       Die Geschichte einer allmählich
       evolvierenden Kooperation 24
   3.5 Harte und weiche Wirklichkeitskonstruktionen:
       Kommunikation, Exkommunikation und
       Wiedereinführung in Kommunikation bei Psychosen 27
   3.6 Die unendliche und die endliche Psychose:
       Chronifizierungsfördernde Theorien 30
   3.7 Die unendliche und die endliche Psychiatrie:
       Chronifizierung als aktive Gemeinschaftsleistung .. 32
   3.8 Psychopharmaka als Familienthema 33
   3.9 Systemisch arbeitende psychiatrische Einrichtungen 35

4 Prinzipien systemisch-psychiatrischer Praxis 37

   4.1 Kontext- und ressourcenorientiertes Sprechen 37
   4.2 Verhandeln über Sinn, Inhalt und
       Dauer des Aufenthalts 39

    4.3 Wahlmöglichkeiten im Behandlungsmenü 41
    4.4 Reflexionssettings für Familien und Angehörige . . . 43
    4.5 Verhandeln über Medikamente und
        psychiatrische Diagnosen 47
    4.6 Verhandeln über Zwangs- und Kontrollmaßnahmen 50

5 Die SYMPA-Weiterbildung 53
    5.1 Organisation der Weiterbildung 53
    5.2 Inhalte der Weiterbildung 54
        5.2.1 Der Grundkurs 55
        5.2.2 Der Aufbaukurs 58
        5.2.3 »SYMPA nachhaltig«: Der Auffrischungskurs . 62
    5.3 Methodentools der Weiterbildung 64
        5.3.1 Wie war das nochmal mit der Moderation? . . . 65
        5.3.2 Das Live-Interview als zentrales Element
            der Weiterbildung 66
        5.3.3 Übungen aus der SYMPA-Weiterbildungspraxis 68

6 Die SYMPA-Praxis – Ein Handbuch 75
    6.1 SYMPA-Interventionen am Behandlungsbeginn . . . 77
        6.1.1 Genogramminterview 78
        6.1.2 Familiengespräch/Kooperationsgespräch
            nach Aufnahme 84
        6.1.3 Erste Auftragsklärung und Entwicklung
            eines gemeinsamen Fallverständnisses 89
        6.1.4 Anfängliche Therapiezielplanung 93
    6.2 SYMPA-Interventionen im Behandlungsverlauf . . . 96
        6.2.1 Einzelgespräche 97
        6.2.2 Gruppenvisite/Gruppentherapie 101
        6.2.3 Therapiezielplanung: Zwischenbilanzen 103
        6.2.4 Intervision/Fallbesprechungen mit und
            ohne Patienten 105
        6.2.5 Verhandeln bei strittigen Behandlungsfragen 112
    6.3 SYMPA-Interventionen zum Behandlungsende . . . 119
        6.3.1 Familiengespräch/Kooperationsgespräch
            vor Entlassung 120

    6.3.2 Kontakte mit Nachbehandlern 123
    6.3.3 Verhandeln über Behandlungsvereinbarung
         für künftige Wiederaufnahmen 125
    6.3.4 Entlassbrief: Lesen lassen,
         bedarfsweise Gespräch darüber 127
6.4 Die Dosierung von SYMPA im Stationsalltag 130

7 Wissenschaftliche Evaluation des SYMPA-Projekts . . . 133

7.1 Vorbemerkungen 133
7.2 Implementierung und Wirksamkeit 134
7.3 Nachhaltigkeit 141

8 Resümee und Ausblick 151

Dank 155

Literatur und Literaturhinweise 159

1 Vorwort

Dieses Buch beschreibt, wie man Psychiatrie im Krankenhaus als echte Gemeinschaftsleistung betreiben kann. Im Mittelpunkt steht die Zusammenarbeit zwischen Patienten, ihren Angehörigen, ihrem sonstigen außerstationären Umfeld und ihren Behandlern im Krankenhaus. Wie diese gemeinsam schwere und akute psychiatrische Störungen in ihrem zwischenmenschlichen Kontext verstehen und daraus eine gemeinsame Vorgehensweise entwickeln können – das ist Gegenstand dieses Buches.

Erfahrungsgrundlage dieses Buches ist das Projekt SYMPA: »Systemtherapeutische Methoden psychiatrischer Akutversorgung«. Es fand, aufbauend auf einem Vorläufer 1997 bis 2000, in den Jahren zwischen 2002 und 2009 in drei nord- und westdeutschen Akutkrankenhäusern statt. SYMPA ist heute ein empirisch bewährtes, nachhaltig wirksames Programm der systemisch-familienorientierten Behandlung in allgemeinpsychiatrischen Kliniken und Abteilungen.

SYMPA basiert auf folgenden Grundprinzipien:
- *Enge Kooperation mit der Familie und anderen für den Patienten wichtigen Menschen*: Angehörige, Freunde und Nachbarn als einerseits Mitleidende, andererseits als Mitexperten in alle grundsätzlichen Behandlungsentscheidungen gleichberechtigt mit einbeziehen.
- *Respekt gegenüber familiären Bindungen und Loyalitäten* – auch gegenüber solchen, die den Behandlern anfänglich unverständlich und pathologisch erscheinen mögen.
- *Starke reale oder virtuelle Präsenz der Familien auf der Station* – in Paar- und Familiengesprächen, Angehörigengruppen, Multifamiliengruppen, Behandlungsversammlungen, in Genogramm- und Skulpturgruppen, in zirkulären Fragen, auf dem »Familienbrett«, in der »Familientherapie ohne Familie«.
- *Gemeinsames kontextuelles Fallverstehen*: psychiatrische Symptome in ihrem Beziehungskontext als verständlich, zuweilen

auch als »sinnvoll« anerkennen – psychiatrische Störungen als »Gemeinschaftsleistung« dechiffrieren (Johannsen, 1997).
- *Sorgfältige Auftragsklärung* der offiziellen und inoffiziellen Erwartungen aller Beteiligten an die Behandlung, dazu gehört auch die Erkundung und Verhandlung über deren subjektive Krankheits- und Behandlungstheorien. Diese Aufträge steuern die Behandlung mindestens gleich stark, oft sogar stärker als die psychiatrischen Beschwerden und Diagnosen.
- *Systemische Selbstreflexion*: sich immer wieder beim Zusammenarbeiten im psychiatrischen Problemsystem selbst beobachten und daraus lernen, oft durch Nutzung sogenannter Reflektierender Teams.
- *Ressourcen- und Lösungsorientierung*: das (Er-)Finden von Lösungen, das Suchen nach Auswegen aus der Krise, das Ent-Stören symptombezogener Interaktionskreisläufe noch wichtiger nehmen als die Beschreibung der Symptome und das Ergründen von Ursachen.
- *Veränderungsoptimismus ohne Veränderungsdruck*: ein Vertrauen darauf, dass sich auch aus schweren oder chronifizierten psychiatrischen Problemkarrieren Auswege finden lassen, dass aber auch der Fortgang von Patienten eine Lösungsmöglichkeit zwischenmenschlicher Dilemmata darstellen kann.

Dieses Buch ist ebenso wie das SYMPA-Projekt eine echte Gemeinschaftsleistung, von uns beiden lediglich als Projektleiter initiiert und gesteuert, als Trainer und Begleitforscher mitgetragen und nun als Buchautoren – unter intensiver Mithilfe von Henrike Maurer – zu Papier gebracht. Alle, die dazu in den unterschiedlichsten Formen und Positionen beigetragen haben, sind in den Danksagungen am Schluss des Buches aufgeführt.

Elisabeth Nicolai und Jochen Schweitzer

2 Das SYMPA-Projekt

2.1 Was ist eigentlich SYMPA?

Das Projekt »Systemtherapeutische Methoden psychiatrischer Akutversorgung« (SYMPA) begann im Herbst 2002 und schaut im Jahre 2009 auf eine siebenjährige Geschichte zurück. SYMPA verbindet systemische Therapie und systemische Organisationsentwicklung in der Psychiatrie zu einem unter akutpsychiatrischen Alltagsbedingungen gut praktizierbaren und lehrbaren »Behandlungspaket«.

SYMPA ist der Versuch, die bewährten Erfahrungen der systemischen Therapie und Beratung mit psychiatrischen Patienten in einem Therapiekonzept zu integrieren,
- das nicht nur in psychotherapeutischen und rehabilitativen Einrichtungen, sondern insbesondere auch in der Akutpsychiatrie genutzt werden kann;
- das unkompliziert, zeitökonomisch und kooperationserleichternd in den klinischen Alltagsprozeduren verankert werden kann;
- das von allen Berufsgruppen gemeinsam getragen und genutzt werden kann – das bedeutet in der klinischen Psychiatrie insbesondere: auch von der Pflege;
- das den Prozess und das Ergebnis psychiatrischer Behandlung für alle drei wichtigen Gruppen von Beteiligten – die Patienten, die Angehörigen, die Mitarbeiter – verbessern hilft.

SYMPA beruht auf der Einschätzung, dass sich die systemische Therapie und Beratung in der Psychiatrie als eine integrierende Gesamtbehandlungs-Perspektive für ganze Behandlungsteams eignet, in die viele – freilich keineswegs alle – biologische, sozialpsychiatrische und psychotherapeutische Praktiken aus anderen Behandlungstraditionen gut eingebunden werden können.

2.2 SYMPA – Die Projektgeschichte

Traditionslinien: Das SYMPA-Projekt sieht sich in der Tradition der systemischen Therapie der Psychosen und anderer psychiatrischer Störungen des Heidelberger Helm Stierlin Instituts und seiner Vorläufer (Universitätsabteilung für Familientherapie ab 1975, Internationale Gesellschaft für Systemische Therapie ab 1984). Aber es wäre in seiner jetzigen Breite nicht denkbar ohne zahlreiche andere mit dem systemischen Denken gut verträgliche Einflüsse. Erwähnt seien hier nur beispielhaft die Psychose-Gruppen (Bock u. Buck, 2002) mit ihrem Anspruch auf Sinnsuche im psychotischen Erleben, der Trialog als organisierte Beteiligung von Patienten und Angehörigen an psychiatrischen Entscheidungen (Bombosch, Hansen u. Blume, 2004; Themenheft: Trialog, 2009) und das finnische »need-adapted treatment« mit seinem »Offenen Dialog« (Aderhold et al., 2003). SYMPA konzentriert sich auf die stationäre Allgemeinpsychiatrie. Das systemische Arbeiten in anderen Kontexten ist andernorts sehr präzise beschrieben worden – zum Beispiel von Rotthaus (1998) für die stationäre Kinder- und Jugendpsychiatrie, von Ruf (2005) für die psychiatrische Facharztpraxis oder von Schweitzer und Schumacher (1995) für Gemeindepsychiatrische Dienste.

Das Vorläufer-Projekt (1997–2000): 1997 bis 2000 haben wir in Kooperation mit Gunthard Weber und mit Unterstützung der Stuttgarter Heidehof-Stiftung GmbH ein bundesweites Projekt »Systemische Organisationsentwicklung in psychiatrischen Einrichtungen« durchgeführt (Schweitzer, Nicolai u. Hirschenberger, 2005). Mit 17 beteiligten Einrichtungen, von kleinen Wohnverbünden und Tageskliniken bis zu großen Krankenhäusern, haben wir einerseits eine große Vielfalt interessanter und bewährter systemisch-psychiatrischer Behandlungspraktiken quasi »sammeln« und auf ihre Anwendungsbedingungen prüfen können. Andererseits haben wir Methoden entwickelt (u. a. die inzwischen auch in der Kinder- und Jugendpsychiatrie fortentwickelten »Besuche mit der Reflexionsliste«; Höger u. Geiken, 2006), mit denen psychiatrische Dienste sich schnell einen Überblick über ihre eigenen Systemprozesse verschaffen können.

Der Projektstart (2002): Die dabei entstandenen Erfahrungen und Kontakte schufen die Voraussetzung dafür, ab 2002 in nur drei Krankenhäusern ein für akutpsychiatrische Kontexte passendes »Kondensat« dieser Behandlungserfahrungen zusammenzustellen, zu trainieren und zu erproben (Details der Projektplanung in Schweitzer u. Grünwald, 2003). Pläne, zusätzlich drei Kliniken in der Schweiz in dieses Projekt mit einzubeziehen, scheiterten an Bedenken von Projektgutachtern zum logistischen Aufwand einer Kooperation über so große Distanzen. Unsere an diesen Plänen beteiligte Kollegin Ulrike Borst entschied sich aber, mit uns (Jochen Schweitzer und Liz Nicolai) gemeinsam den Grundkurs der SYMPA-Weiterbildung als Trainerin zu gestalten sowie in der Psychiatrischen Klinik Münsterlingen ein eigenes, nicht unähnliches Weiterbildungsprogramm zu organisieren.

Bei der gemeinsamen Planung des Forschungsdesigns und der geeigneten Forschungsinstrumente 2001 und 2002 konnten wir von wertvollen Erfahrungen aus zwei Studien zur Evaluation systemischer Therapie in der Schweiz profitieren – eine Studie im Psychiatriezentrum Oberwallis (Grünwald et al., 1999), die andere im ambulanten Setting niedergelassener Therapeuten der Schweizer Gesellschaft für Systemische Therapie (Grünwald u. Massenbach, 2003).

Während einer »Werbetournee« durch die drei Kliniken Gummersbach, Paderborn und Wunstorf im Mai und Juni 2002 wurde die Planung für Forschung und Weiterbildung auf den für das Projekt in Frage kommenden Stationen erläutert. Nach einer internen Beratung konnten sich diejenigen Stationen, die Interesse hatten, für die Teilnahme am Projekt bewerben. Diese Freiwilligkeit war Grundstein für die Motivation, kommende Zusatzaufgaben während der Datenerhebungsphase auf sich zu nehmen und neugierig und interessiert neue, ungewohnte Methoden zu lernen und auszuprobieren. In einer der drei Kliniken wurde einer Station die Teilnahme, sozusagen zu ihrem Besten, verordnet. Beim Start der Weiterbildung reagierten die Mitarbeiter daher zunächst skeptisch auf diese »Zwangsbeglückung«. Wir nahmen die Vorsicht sehr ernst, erkundigten uns respektvoll nach den Befürchtungen (z. B. Abwertung der bisherigen Arbeit), nach ungefragten Belastungen (z. B. aufwändige Organisation privater Verpflichtungen für die Abwesenheitstage) und konnten dadurch gemeinsam mit den Teilnehmern eine gute Arbeitsbasis gewinnen.

Die Kernphase des Projekts mit Grundkurs, Aufbaukurs und Begleitforschung (2002–2006): Zunächst begannen 2002 alle Stationen mit einer Forschungsphase, der ab 2003 die ersten sechs Weiterbildungsblöcke folgten, an denen circa 100 Mitarbeiter teilnahmen. 2004 bis 2006 wurden Erhebungen auf zwei relativ gut vergleichbaren Kontrollstationen in Wunstorf und Gummersbach sowie Katamnesestudien mit auf den sechs Projektstationen behandelten Patienten neun Monate nach Abschluss der stationären Behandlungen durchgeführt.

In dieser Zeit ließen sich viele von dem Pioniergeist des SYMPA-Projekts anstecken und es gab neben den Kontrollstationen – die bisher »nur« beforscht worden waren und bis dahin keine Weiterbildung erhalten hatten (Wartegruppendesign) – auch andere Interessierte, die sich für weitere Seminare stark machten.

Ab 2005 bis 2006 wurden also für »alte Hasen« drei Blöcke eines Aufbaukurses angeboten, für »Neulinge« drei Blöcke eines Einsteigerkurses, die jeweils parallel an wechselnden Orten stattfanden. Ein wichtiges Detail, da hier neu hinzugekommene und schon SYMPA-erfahrene Mitarbeiter einer Station zeitgleich in parallelen Gruppen trainiert wurden. Von den Erfahrenen wurden einige zu Co-Trainern ausgebildet, um zu Hause auch zukünftig »Neue« besser einarbeiten zu können. Auf das genauere »Wie« gehen wir im Kapitel Weiterbildung ein.

Am Ende dieser zweiten Weiterbildungsphase 2005–2006 waren circa 140 Mitarbeiter in den drei Kliniken stations- und berufsgruppenübergreifend in systemisch-familienorientierter Gesprächsführung weitergebildet worden. Circa 100 Mitarbeiter hatten an der 18-tägigen Grundweiterbildung teilgenommen. Von diesen 100 hatten sich 35 in der neuntägigen Aufbauweiterbildung so weiterentwickelt, dass sie das Projekt nun in den Kliniken »tragen konnten«. Und circa 40 Mitarbeiter von den sogenannten Kontrollstationen (Nachbarstationen der ursprünglichen Projektstationen) hatten sich durch den Grundkurs der neuntägigen Weiterbildung 2005–2006 vom Schwung des SYMPA-Projekts anstecken lassen. Zu diesem Zeitpunkt wurde das Projekt auch einer breiten Öffentlichkeit (Klünsch, 2007) und der Fachwelt in Artikeln bekannt gemacht (Schweitzer, Engelbrecht, Schmitz, Nicolai u. Borst, 2005; Schweitzer, Zwack, Nicolai, Grünwald, Ginap und von Twardovski, 2006; Schweitzer, Rotthaus, Altmiks, Kröger, Wachter, Kirschnick-Tänzer u. Oestereich, 2007).

SYMPA nachhaltig: Ende 2006 war klar geworden, dass es angesichts hoher Fluktuationsraten innerhalb der Kliniken – Ärzterotation im Halbjahres- oder Jahrestakt, Umstrukturierungen auf Stationen, Schwangerschaftsvertretungen, Wegzug bisheriger oder Einstellung neuer Mitarbeiter – für die Nachhaltigkeit der eingeführten Veränderungen eine längerfristige, aber deutlich niedriger dosierte Begleitung und Weiterbildung brauchen würde.

Mit den Klinikleitungen wurde besprochen, welche Voraussetzungen a) nötig seien und b) von den Kliniken auch bereitgestellt werden könnten, um SYMPA nachhaltig zu implementieren, so dass das Programm ohne weiteren externen Input aus eigenen Mitteln gut weiterlaufen könnte. Das Ergebnis war die sogenannte »SYMPA-nachhaltig«-Phase 2007 bis 2009 mit jeweils nur einer zweitägigen Weiterbildung pro Jahr, jedes Jahr in einer anderen der drei Kliniken.

Was bleibt? – Entwicklungen in den Kliniken am Projektende: Schon gegen Ende unserer Nachhaltigkeitsphase begannen die Mitarbeiter in den Kliniken aus der Praxis heraus das Projekt regional weiterzuentwickeln. (Eine Übersicht über das Gesamtpaket solcher klinikspezifischen Praktiken bieten Vieten, Engelbrecht, Joachimsmeier, Möller, Oertzen, Wrede und Zimmerer, 2009, am Beispiel der Paderborner Klinik.) Ohne Anspruch auf Vollständigkeit werden hier einige Beispiele aus den engagierten Entwicklungswerkstätten der Kliniken dargestellt.

In allen Kliniken wurde die kontinuierliche Einarbeitung neuer Mitarbeiter durch SYMPA-erfahrene Mitarbeiter auf den Stationen etabliert und regelmäßige systemisch-familientherapeutische Fortbildung für SYMPA-erfahrene Mitarbeiter und »Neulinge« durch interne und vereinzelte externe Angebote sichergestellt. In Wunstorf finden seit Oktober 2009 spezielle systemische Anschlussweiterbildungen und Schulungen durch ein regional nahegelegenes systemisches Weiterbildungsinstitut statt. An diesen nehmen Mitarbeiter aus allen Berufsgruppen der Allgemeinpsychiatrische Stationen teil.

Auch haben alle Kliniken eigene regionale SYMPA-Tagungen durchgeführt. Das Paderborner Forum für Psychiatrie und Psychotherapie machte SYMPA mehrfach zum Themenschwerpunkt. Gummersbach veranstaltete 2006 eine SYMPA-Tagung mit regionalen Kooperationspartnern. In Wunstorf fanden lokale SYMPA-Tagungen 2004 und 2008 statt.

Des Weiteren wurden überall SYMPA-Arbeitsgruppen gegründet, die sich klinikintern in Abständen von zwei bis acht Wochen regelmäßig treffen. Bei diesen Terminen werden Themen wie die Anwendung des SYMPA-Handbuchs auf den Stationen, in der Tagesklinik und der Ambulanz, die konkreten Probleme bei der Umsetzung von SYMPA sowie der aktuelle Fortbildungsbedarf besprochen.

In allen drei Kliniken ist Supervision und Intervision gut etabliert. Es gibt Unterschiede im Detail, jedoch wird überall zum Beispiel mit Reflecting Teams gearbeitet, teilweise sogar stationsübergreifend. In diesem Fall werden die Mitarbeiter von Nachbarstationen (die diesen Patienten selber gar nicht kennen) in die Teamsitzungen als kommentierende Beobachter eingeladen.

In Paderborn hat sich die regelmäßige Intervision in sogenannten »Stationstandems« bewährt. Zwei SYMPA-Stationen treffen sich hierbei regelmäßig zu gemeinsamen Fallbesprechungen bei denen auch häufig mit Reflecting Teams unter Anwesenheit des Patienten gearbeitet wird. In Gummersbach wurde systemische Supervision in »Stationstandems« eingeführt. Auch hier war ein Vorteil, dass Team B in Ermangelung von Kontakt und Kenntnis des Patienten von Team A viel unbefangener assoziieren und systemische Hypothesen zum Fall entwickeln konnte, was für das Behandlerteam oft überraschende und hilfreiche Sichtweisen mit sich brachte (sozusagen nahm dann neben dem Supervisor auch ein ganzes Team die Außenperspektive ein). In diesen gemeinsamen Sitzungen wurde gelegentlich auch mit Videoanalyse von zum Beispiel Familiengesprächen gearbeitet. Insgesamt ermöglicht das Zusammenlegen der Sitzungen von zwei Stationen eine engmaschigere Supervision bei gleichen Kosten.

Auftragserklärung/Therapiezielplanung
Pflegemitarbeiter: Arzt: Etikett

Aufnahmesituation		Behandlungsverlauf		
Hauptprobleme		Datum/ HZ	Ressourcen/ Defizite	Therapie(teil)ziele/ Maßnahmen
Auftragserklärung	Behandlungsziele			
Patient				
Angehörige				
Team				
Sonstige (z.B. Betreuer, AG)				

Abbildung 1: Formblatt für Auftragsklärung/Therapiezielplanung aus dem KKH Gummersbach

Gelegentlich (bei Patienten, die durch viele Institutionen »wandern«) werden auch Kooperationsgespräche abgehalten, die Station, Tagesklinik, Ambulanz und externe Dienste zu einer gemeinsamen Fallbesprechung zusammenbringen.

Es wurden auf vielen Stationen eigene Formblätter für zum Beispiel Auftragsklärung, Therapiezielplanung oder das Genogramminterviews entwickelt, die in der Behandlungspraxis genutzt und zugleich in die Patientendokumentation integriert werden, um unnötigen Doppelaufwand und »Papierkram« zu vermeiden. Ein Beispiel für ein solches Formular für die Auftragsklärung und Therapiezielplanung aus der Klinik Gummersbach ist in der Abbildung 1 zu sehen.

Die Angehörigenarbeit wurde kontinuierlich weiterentwickelt, zum Beispiel durch spezielle Veranstaltungen wie das Jahrestreffen der Angehörigengruppe, bei dem Anliegen und Wünsche dieser an die Klinik gemeinsam besprochen und diskutiert werden (KKH Gummersbach). Auch ist in einigen Kliniken SYMPA regelmäßig im Trialog zwischen Betroffenen, Angehörigen und Behandlern thematisiert worden. In Gummersbach findet dieser Trialog beispielsweise einmal im Monat statt. Dort treffen sich Angehörige (die teilweise auch Mitglieder der regionalen Angehörigengruppe sind), Betroffene (meist im ambulanten Kontext, gelegentlich auch aus akutstationärer Behandlung heraus) und verschiedene Behandler (z. B. aus dem Sozialpsychiatrischen Dienst, der Klinik, gelegentlich auch Nervenärzte oder Mitarbeiter komplementärer Dienste). Es wird über von Teilnehmern eingebrachte Probleme, beispielsweise durch akute Krisensituationen oder mit der Medikation, trialogisch gesprochen und die Problematik aus drei Perspektiven reflektiert. Hierbei werden auch systemische Gesichtspunkte in die gemeinsame Problembetrachtung eingebracht. Zudem gibt es eine Steuerungsgruppe des Trialogs, in der ebenfalls Vertreter aus allen drei Gruppen vertreten sind.

Gegen Ende dieser »SYMPA-nachhaltig«-Phase entschlossen sich etwa 20 Pflegekräfte, vorwiegend aus Paderborn, eine Ausbildung zum systemischen Berater nach den Standards der systemischen Dachverbände DGSF und SG außerhalb des SYMPA-Projekts zu vervollständigen. Damit wollen sie auch ein eigenes professionelles Profil als Pflegekräfte mit besonderer Beratungskompetenz nach außen sichtbar dokumentieren, was von ihrer Pflegedienstleitung sehr unterstützt wird. Dazu haben die Paderborner Mitarbeiter einen systemischen Selbsterfahrungskurs im Umfang von 100 Stunden für sich organisiert, der auch für andere Interessenten aus den SYMPA-Kliniken offen ist. Das Besondere und Unübliche hierbei ist, dass Kolleginnen und Kollegen aus derselben Klinik hier diese Selbsterfahrung gemeinsam machen, was aber in Pflegeberufen mit viel weniger »Berührungsängsten« einherzugehen scheint als in akademischen Berufen.

2.3 SYMPA – Die Akteure und ihr Einsatz

Aus Kapazitätsgründen galt es, sich auf wenige, voneinander nicht zu weit entfernt liegende Psychiatrische Abteilungen mit Akutaufnahme zu beschränken. Um eine gute »Top-down-Unterstützung« des Projekts zu sichern, sollten die Leitenden Ärztinnen oder Ärzte selbst systemtherapeutisch ausgebildet sein. Gefordert war ferner, dass diese die Unterstützung der Krankenhausleitung und ihrer jeweiligen Pflegedienstleitungen gewannen. Ein Projektkoordinator sollte für einen Tag pro Woche für das Projekt freigestellt und die Logistikkosten der SYMPA-Weiterbildung anteilig übernommen werden.

So kam es schließlich zu folgendem Kreis teilnehmender Krankenhäuser: Kreiskrankenhaus Gummersbach bei Köln, Abteilung Psychiatrie der zweiten Lebenshälfte (Leitende Ärztin: Dr. Beate Baumgarte; Projektkoordinatoren: Oberarzt Dieter Schmitz und die Pflegeprofis Ralf Eich, Monika Wintrich und Angelika Eigler); Krankenhaus Region Hannover, Wunstorf, Abteilung Allgemeinpsychiatrie (Leitende Ärztin: Dr. Cornelia Oestereich; Projektkoordinatoren: Qualitätsmanagerin, Diplom-Soziologin Christina Kausch, Oberärztin Sabine Kirschnick-Tänzer und Pflegedienstleiter Holger Dopheide); LWL-Klinik Paderborn, Abteilung Allgemeine Psychiatrie und Psychotherapie (Leitender Arzt: PD Dr. Bernward Vieten, Pflegedienstleiterin Monika Seewald; Projektkoordinatoren: Diplom-Pädagoge Wolfgang Möller, Krankenpfleger Frank Zimmerer und Oberärztin Daniela Engelbrecht).

Auf der wissenschaftlichen Seite kam es zu einer Kooperation zwischen dem Universitätsklinikum Heidelberg, Abteilung Medizinische Psychologie (Gesamtprojektleiter: Prof. Dr. Jochen Schweitzer), und der Hochschule für Angewandte Psychologie Zürich (Leiter der empirischen Outcomeforschung: Prof. Dr. Hugo Grünwald). Dr. Elisabeth Nicolai koordinierte die qualitative Begleitforschung bis 2005 von Heidelberg aus. Nach ihrem Weggang auf eine Professur an die Evangelische Hochschule Ludwigsburg übernahmen ihre Stelle im Heidelberger Projekt später nacheinander Dr. Julika Zwack (2005–2007), Dr. Matthias Ochs (2007–2008) und Diplom-Psychologin Henrike Maurer (2009).

Die systemische Weiterbildung (s. u.) wurde im Stil des Heidelberger Helm Stierlin Instituts durchgeführt, mit Elisabeth Nicolai, Jochen Schweitzer sowie der Meilen-Züricher Gastdozentin Dr. Ulrike Borst als Trainer. Ulrike Borst hatte bereits zuvor und zeitgleich eine ähnliche Weiterbildung in der psychiatrischen Klinik Münsterlingen (Schweiz) aufgebaut. Die Weiterbildungskosten wurden 2003 bis 2005 aus dem von der Stuttgarter Heidehof-Stiftung finanzierten Drittmittelprojekt getragen; Anschlussweiterbildungen wurden von den Kliniken selbst finanziert. Die Heidehof-Stiftung hat das Projekt über die gesamte Laufzeit hinweg finanziell gefördert, anfangs sehr intensiv und ab 2005 dann in kleinerem Umfang; kurzzeitig unterstützten auch die Deutsche Gesellschaft für Systemische Therapie und Familientherapie (DGSF) sowie die Systemische Gesellschaft (SG) einen Teil unserer Katamneseforschung.

3 Theorie systemischer Psychiatrie

3.1 Übersicht

In diesem Kapitel beschreiben wir, wie soziale Systeme kommunizieren und wie sich Psychiatrie als soziales System zum Umgang mit unverständlichen, als krank bezeichneten Kommunikationen anbietet.

In sozialen Systemen werden Signale als Kommunikationen zwischen Personen, in psychischen Systemen als Gedanken oder Gefühle zwischen den verschiedenen seelischen Instanzen einer Person gesendet oder empfangen. Da diese Kommunikation zwischen Menschen in gewisser Weise immer einen Übersetzungsvorgang darstellt, ist das gegenseitige Verstehen, insbesondere des Verhaltens anderer Menschen, grundsätzlich eine unsichere Angelegenheit.

Die starke Intransparenz innerer Vorgänge für andere und die damit verbundene Unverständlichkeit insbesondere psychiatrischer Symptome führten im Laufe der Geschichte zu vielen verschiedenen Versorgungs- und Behandlungsparadigmen.

Seit der Psychiatriereform der 1970er Jahre bemüht man sich um Demokratisierung und Enthospitalisierung in der Psychiatrie und mit diesen Ansätzen wächst die Wahrnehmung der Familie als therapeutisch bedeutsamer Aspekt.

Die Beziehungsgestaltung aller Beteiligten wird als entscheidender Faktor für Entstehung, Verlauf und Behandlung von psychischen Erkrankungen entdeckt: Wie erzeugen Familien und Patienten Unverständlichkeit? Wie trägt Psychiatrie zur Aufrechterhaltung dieser Unverständlichkeit und damit zu einer Chronifizierung bei? Welche Rolle spielen Krankheitskonzepte, Diagnosen und Psychopharmaka für die Beziehungsgestaltung?

3.2 Erzähltes, gelebtes, erlebtes Leben: Psychiatrie als Kommunikation

Für das Verständnis psychiatrischer Behandlung als soziales System ist das Konzept einer Unterscheidung zwischen sozialem, psychischem und biologischem System sehr nützlich. Die Interaktion einer kleinen Zahl basaler »Operationen« bringt die Charakeristika des jeweiligen Systemtyps hervor. In sich sind sie operational geschlossen, beeinflussen sich jedoch wechselseitig (Maturana u. Varela, 1975; Luhmann, 1992). Sieht sich ein Mensch einer plötzlichen Stresssituation ausgesetzt, aktiviert das biologische System einen erhöhten Puls, schnellere Atmung und alle sonst notwendigen Körperfunktionen. Im psychischen System stellt sich eine erhöhte Aufmerksamkeit und Handlungsbereitschaft und eventuell ein Gefühl der Angst ein und auf der Ebene des sozialen Systems wird dies über ein verändertes Äußeres wie Schweißperlen auf der Stirn, errötete Haut, angespannte Muskulatur, hektische Gesten und aufgeregte Worte wahrnehmbar und kommuniziert. In sozialen Systemen sind diese basalen Operationen Kommunikationen, die zwischen Personen ausgetauscht werden, das heißt, Signale werden gesendet und empfangen. In psychischen Systemen sind dies Gedanken und Gefühle (Ciompi, 1997), die zwischen Subsystemen innerhalb der Person ausgetauscht werden. In biologischen Systemen sind es Hormone und Transmitter, die zwischen Zellen und Synapsen Informationen transportieren.

In jeder Person sind stets gleichzeitig alle drei Systemebenen »aktiv«. Aber die Systemebenen nehmen sich nur zum kleinen Teil gegenseitig wahr. Wir beobachten und fühlen nur einen geringen Teil unserer Körperprozesse. Wir lassen nur einige unserer Gedanken und Gefühle nach außen dringen. Und nur ein verschwindend geringer Teil von diesen psychischen und biologischen Prozessen wird in der sozialen Sphäre der Kommunikationen relevant – erst dann, wenn er als Botschaft von einem Sender abgesandt und von einem Empfänger auch empfangen wird.

Psychiatrie beschäftigt sich mit der Diagnose und Behandlung seelisch gestörten Erlebens und Fühlens. Sie versucht diese oft (keineswegs immer und ausschließlich) mit körperlichen Prozessen zu erklären. Sie kann sich aber immer nur durch zwischenmenschliche oder maschinentechnische Kommunikation Zugang zu diesen Phänomenen verschaffen und kann immer nur ein in Worten, Zahlen oder Bildern verfasstes Abbild dieser Phänomene erzeugen. Sie hat aber nie das Phänomen als solches, ohne einen kommunikativen Übersetzungsschritt, vor sich.

Folglich ist Psychiatrie – auch die allerbeste – grundsätzlich ein »unsicheres« Geschäft, das sich seiner Gegenstände nie ganz sicher sein kann. Eine systemische Psychiatrie geht von dieser Autonomie und gegenseitigen Intransparenz der drei Systemebenen aus, versucht sie zu respektieren und wertzuschätzen und sieht in der produktiven Gestaltung der Kommunikationen in sozialen Systemen ihren Schwerpunkt.

3.3 Therapie, Fürsorge, Asyl und Zwang: Kontexte systemisch-psychiatrischer Tätigkeiten

Psychiatrie unterscheidet sich von vielen anderen Zweigen der Medizin durch einen größeren Anteil *sozialer Kontrolle*. Ein bedeutsamer Anteil psychiatrischer Behandlungen findet gegen den Willen des Patienten statt, am deutlichsten, aber keineswegs nur, in der forensischen Psychiatrie. Durch Landesgesetze kann die Behandlung von Menschen gegen ihren Willen in einer psychiatrischen Klinik ermöglicht werden – in Situationen, in denen diese sich selbst oder andere aufgrund ihres psychischen Zustandes gefährden.

Diesem Kontrollaspekt entsprach psychiatriepolitisch seit Beginn der Industrialisierung die *räumliche Absonderung der Patienten in großen Asylen*. Erst seit circa 1970 hat in den meisten Industrieländern eine Rückkehr psychiatrischer Behandlungseinrichtungen in die Heimatnähe ihrer Patienten begonnen.

Da Menschen mit langfristigen psychischen Störungen oft zu verarmen drohen, ist auch die *soziale Fürsorge* bei der Sicherung materieller und sozialer Ressourcen (Wohnen, Arbeiten, Sozialhilfe- oder Rentenansprüche etc.) ein wichtiger Teil psychiatrischer Tätigkeit.

Mit den Psychiatriereformen der 1970er Jahre hat der *therapeutische Anspruch* psychiatrischer Arbeit sehr zugenommen. Dennoch sind die Bereitstellung eines vorübergehenden Asyls als »Auszeit« aus belastenden häuslichen Situationen für den Patienten ebenso wie für sein Umfeld, die Ausübung einer sozialen Kontrolle mit möglichst wenig Zwang und Gewalt und die soziale Fürsorge unter möglichst weitgehender Wahrung der Autonomie des Patienten wichtige Teile psychiatrischen Arbeitens geblieben.

Diese unterschiedlichen Rollen, in denen die Behandler den Patienten gegenübertreten, verlangen und fördern sehr unterschiedliche Beziehungsdefinitionen. Soziale Kontrolle führt zu Kampf, Widerstand, Konflikt, zuweilen zu gewaltförmigen Situationen – fast immer jedenfalls zu symmetrisch eskalierenden Konflikten. Soziale Fürsorge hingegen geht mit einem komplementären Ergänzungsverhältnis zwischen einem »Hilfsbedürftigen« und einem »Helfer« einher: Ersterer kann sich nicht selbst helfen, letzterer springt für ihn ein, im günstigen Fall ist ersterer ihm dafür dankbar. Asylgewährung erlaubt Patienten und Angehörigen oft ein »Hinausfliehen« aus einem allzu bedrängenden Alltag; Psychotherapie hingegen versucht im Regelfall, den Patienten wieder für diesen Alltag »fit zu machen«.

Verwirrende Situationen können dann entstehen, wenn diese Rollen miteinander vermischt werden – wenn der Patient nicht weiß, mit welchem Rollenverhalten seines Behandlers er wann einigermaßen verlässlich rechnen kann (Moser u. Margreiter, 2001).

3.4 Psychiatrie und Familie: Die Geschichte einer allmählich evolvierenden Kooperation

Psychiatrie und Familie haben eine schwierige und wechselvolle gemeinsame Beziehungsgeschichte hinter sich, die aber allmählich zu mehr und besserer Zusammenarbeit tendiert.

Die um 1900 gegründeten Landeskrankenhäuser waren in Deutschland Orte, an die psychiatrisch auffällige Familienmitglieder nach Krisensituationen häufig umgesiedelt wurden und wo sie dann oft ihr ganzes Leben bis zum Tod verbrachten.

Die frühe, meist psychoanalytisch geprägte Psychotherapie hat die Eltern psychiatrischer Patienten mit einem gewissen pathogenetischen Misstrauen betrachtet. Insbesondere Frieda Fromm-

Reichmanns Zitat über eine »schizophrenogene Mutter« (1948) löst bis heute heftige Empörung aus. Die frühe psychiatrische Familienforschung (Wynne et al., 1958; Lidz, Cornelison u. Fleck, 1958; Bowen, 1960; Stierlin, Wynne u. Wirsching, 1983) hat ab Mitte der 1950er Jahre den Fokus allmählich von den Eltern auf die Gesamtfamilie verlagert, damit aber immer noch den »Ort der Pathologie« in der Familie lokalisiert.

Das hat um 1980 herum Widerspruch ausgelöst – vor allem in Angehörigenverbänden: In Deutschland wurde der Titel des Buches »Freispruch der Familie« (Dörner, Egetmeyer u. Koenning, 1995) programmatisch. Da es offensichtlich schwer fiel, die Schuld von der Familie wegzunehmen, ohne sie danach andernorts zu lokalisieren, ging dieser Freispruch besonders der Eltern vielerorts (nicht bei den Autoren des zitierten Buches) mit einer heftigen Betonung neurobiologischer Verursachung und psychopharmakologischer Behandlung einher. Teilweise kam es zu einer Spaltung derart, dass manche Angehörigenverbände eine vertragliche Bindung mit der Pharmaindustrie eingingen, während die meisten Betroffenenvereinigungen eher pharmakritische Haltungen einnahmen.

Die systemische Familientherapie hat auf diese Kritik mit der Entwicklung neuerer Therapiekonzepte reagiert. Namentlich erwähnt seien hier die lösungsorientierten (de Shazer, 1989), narrativen (White u. Epstein, 1990) sowie die am offenen Dialog (Seikkula u. Olson, 2003) und am Reflektierenden Team (Anderson, 1990) orientierten Therapieansätze. Sie haben Folgendes gemeinsam:

1. Sie versuchen jegliche implizite Pathologisierung der Familien in ihren Ursachentheorien zu vermeiden. Sie sprechen vom Problemanfang entweder schlichtweg als »bad luck« (de Shazer, 1989) oder von einem »Problem, um das herum sich ein Problemsystem bildet« (Ludewig, 1988). Andere verlagern ihn in Richtung der größeren Gesellschaft: Michael White (1992) verortet die Ursachen psychischer Störungen in den Familien aufoktroyierten »dominanten Geschichten« und Evan Imber-Black (1992) im Einfluss der »größeren Systeme«.
2. Sie verabschieden sich von der Idee, psychiatrische Symptome wiesen als Indikator auf ein ungelöstes Problem in der Familie hin, insbesondere einen verdeckten Machtkampf, wie dies Sel-

vini Palazzoli et al. (1992) postuliert hatten. Folglich hören sie auch auf, nach den eigentlichen Problemen und Konflikten zu suchen – mit der Folge, dass sie dem von den Familienmitgliedern Gesagten wieder mehr trauen, es »für bare Münze nehmen«.
3. Sie bevorzugen transparentere und gleichberechtigtere Gesprächssettings. Der einstmals populäre »Einwegspiegel« (die Kollegen des Therapeuten beobachten das Gespräch durch einen Spiegel, der in entgegengesetzter Richtung nicht durchsehbar ist) wird nicht mehr genutzt, die orakelhaften »Schlusskommentare« nicht mehr »vorgetragen« (Paradoxon und Gegenparadoxon; Selvini Palazzoli et al., 1992). Das reflektierende Team sitzt mit im Raum. Die Therapeuten formulieren vorsichtiger, fragender, behutsamer.

Zwischenzeitlich fanden auch außerhalb der systemischen Therapie interessante Entwicklungen im Dreieck Patient – Angehörige – psychiatrische Fachleute statt. Die *Psychoedukation* hat mit viel Unterstützung der Pharmaindustrie und mancherlei Unterstützung von Angehörigenverbänden große Fortschritte gemacht (Hornung, 2002; Bäuml u. Pitschel-Waltz, 2003). Patienten und Angehörige werden in meist getrennten psychoedukativen Gruppen darin unterrichtet, die Störung des Patienten als unverschuldete Krankheit zu akzeptieren, Frühwarnzeichen zu erkennen und eine regelmäßig Medikamenteneinnahme sicherzustellen. Mit einem ganz anderen Ansatz beginnen in *Psychosegruppen* (Bock u. Buck, 2002) vor allem Betroffene, von ihren psychotischen Erlebnissen zu erzählen und diese anderen Betroffenen, Fachleuten und allmählich auch Angehörigen in einer größeren Gruppe zu berichten. Das Geschichtenerzählen über psychotisches Erleben wird salonfähig. Unter dem Stichwort des *Trialogs* (Bombosch, Hansen u. Blume, 2004, Themenheft: Trialog, 2009) werden schließlich Psychiatrieerfahrene und Angehörige immer noch langsam, aber doch häufiger in Diskussionen oder Entscheidungen über eine angemessene psychiatrische Versorgung auch gesundheitspolitisch einbezogen.

Im Kontakt von Sozialpsychiatrie, Angehörigen und Betroffenenverbänden sowie systemischen Familientherapeuten entwickeln sich um die Jahrtausendwende im deutschen Sprachraum neue Kooperationen. Angehörige oder Betroffene nehmen als Diskutanten an familientherapeutischen Tagungen teil und schreiben als Autoren in Fachzeitschriften (z. B. Brandenburg u. Heim, 2002). Angehörige und Betroffene werden vermehrt in die Behandlungsplanung mit einbezogen (Borst, 1999; Gottwalz u. Aderholz, 2002; im SYMPA-Projekt: Schweitzer et al., 2005).

3.5 Harte und weiche Wirklichkeitskonstruktionen: Kommunikation, Exkommunikation und Wiedereinführung in Kommunikation bei Psychosen

Kann man mit Menschen »vernünftig« sprechen, die selbst »verrückt« kommunizieren? Sind therapeutische Gespräche mit Menschen in und nach psychotischen Erlebenszuständen möglich und sinnvoll? Soll man sie bei Gesprächen zwischen Behandlern und Angehörigen beteiligen?

Menschen im sozialen Umfeld sind oft am meisten von der Unverständlichkeit und Inkohärenz der Kommunikation des psychotischen Patienten irritiert. Wir erwarten selbstverständlich, dass Menschen sich in einem bestimmten Bedeutungsrahmen bewegen, den sie andern mitteilen wollen. Ebenso gehen wir davon aus, dass sich unsere gemeinsamen Bemühungen in einem Kommunikationsprozess darum drehen, Verhalten als sinn- und absichtsvoll zu verstehen. Besonders schizophrene Patienten enttäuschen diese Erwartungen, da wir als Beobachter meist weder Sinn noch Intention ihres Verhaltens verstehen.

Frühe Kommunikationsstudien von Lyman Wynne und Margret Singer (1963) und später die Beobachtungen des Heidelberger Projekts (Weber et al., 1987; Simon et al., 1989; Retzer, 2004) zeigten zwei interessante Aspekte auf: Unverständliche, wirre, schwer nachvollziehbare Kommunikationen gehen häufig nicht vom Patienten allein aus, sondern entstehen in gemeinsamen Familiengesprächen als »Gemeinschaftsleistung« aller Familienmitglieder. Diese Schwerverstehbarkeit muss nicht als kommunikatives Defizit interpretiert werden, sondern kann auch als Ergebnis kollektiver kommunikativer Strategien verstanden werden, die in belastenden Situationen die Konfliktspannung zwischen den Beteiligten reduzieren, zugleich aber eine dauerhafte Konfliktlösung erschweren. Das ist von zahlreichen Autoren genau beschrieben worden. Psychosenahe Kommunikationsweisen können in dieser Sichtweise statt als Defizite als Potentiale verstanden werden (Mücke, 2009).

Wynne und Singer (1963) identifizierten bei Elternpaaren psychotisch reagierender junger Erwachsener eine große Zahl von »Kommunikationsabweichungen« in den Unterhaltungen zwischen ihnen – etwa abrupte Themenwechsel, assoziative Wortketten oder chronischen Nichtbezug auf das vom Vorredner Gesagte. Laing (1974) beschrieb die Mystifikation: Gesprächsteilnehmer versuchen einander einzureden, wie sie eigentlich seien oder was sie eigentlich wollten, auch und gerade wenn die anderen dies nicht so sehen. Eine Gleichzeitigkeit von intensiver Kritik aneinander und Betonung der Liebe zueinander und Verbundenheit miteinander wurde im Expressed-Emotions-Konzept beschrieben (Vaughn u. Leff, 1976). Die Heidelberger Gruppe (Stierlin et al., 1986; Simon et al., 1989) beschrieb, wie sich in »synchroner Kommunikation« in ganz kurzem zeitlichen Abstand hintereinander entgegengesetzte Beziehungsbotschaften ablösen können (»Ich liebe Dich – du Schwein!«). All diese Mechanismen erzeugen ein sehr inkohärent und verwirrend erscheinendes Bild darüber, was denn in einer sozialen Situation eigentlich »der Fall ist und was nicht«.

Solche scheinbar kontraproduktiven Kommunikationsweisen können aber »nützliche Nebenwirkungen« haben. Menschen, die ihren Abgrenzungsfähigkeiten (bewusstes und absichtliches »Nein-Sagen«, selbstbewusster Widerspruch) nicht trauen, können diese Abgrenzungen durch unverständliche Kommunikation erreichen. (»Ich gebe es auf, ihn verstehen zu wollen!«). Wenn in Familien das Austragen offener Konflikte große Angst auslöst, kann eine unklare Kommunikation auch Konflikte und Kontroversen undeutlich werden lassen und dadurch abmildern (wenngleich auch dessen Lösung in weitere Ferne rücken).

Wenn die psychotischen Patienten zu solchen Kommunikationsabweichungen stärker als die anderen Familienmitglieder beitragen oder wenn die anderen Mitglieder inklusive hinzugezogener

Fachleute sich darauf verständigen, dass die Kommunikationsprobleme hauptsächlich von diesem Mitglied ausgehen, dann schließen sich psychotische Patienten selbst aus der Kommunikation aus und werden von ihrer Umwelt ausgeschlossen – da man »nicht mehr mit ihnen kommunizieren kann«. Retzer (2002) nennt diesen Prozess, der den Patienten aus der Verantwortung für sein Verhalten löst, »Exkommunikation«. Retzer unterscheidet formale und inhaltliche Exkommunikationsstrategien:
- das Schweigen oder Verschweigen gegenüber dem Patienten, ganz gleich, ob der Patient selbst das möchte oder nicht, er soll nicht belastet werden.
- Ignorieren seines/ihres »verrückten«, unverständlichen Handelns – am besten man tut so, als würde man gar nichts wahrnehmen.
- Zum stellvertretenden Handeln gehört, dass man für den Patienten Dinge erledigt, an seiner Stelle antwortet oder spricht, denn er kann ja nicht.
- Inhaltlich kann man Exkommunikation unterstützen, indem man so tut, als würde man die psychotischen Inhalte verstehen. Dieses Pseudoverstehen macht den Kommunikationsraum erst recht beliebig.
- Schließlich kann man den Patienten mystifizieren, ihm Eigenschaften, innere Zustände oder Motivationslagen zuschreiben, die er möglicherweise selbst nicht einmal kennt, und es vermeiden in eine Metakommunikation darüber einzutreten.

Was kann man tun, um die Wiedereinführung des Exkommunizierten in die familiäre Kommunikation und die Kommunikation mit den Fachleuten zu unterstützen?
- *Frühzeitig mit dem Patienten selbst sprechen, nicht (nur) über ihn*, auch in Anwesenheit von Familienmitgliedern, die eventuell klarer, schneller und verständlicher antworten könnten.
- *Verstehen und Intention entkoppeln*: Der Therapeut versteht vielleicht nichts von dem, was der Patient sagt, was aber keineswegs den Schluss zulässt, sein Reden sei bedeutungslos. Als Therapeut ausdrücken, dass der Patient sicher gute (wenn auch den anderen bislang noch unverständliche) Gründe habe, sich diesen gegenüber so zu verhalten, dass es auf sie psychotisch wirke.

– *Metakommunikation erlaubt Kommunikation*: eventuellen »Sinn« nicht im Inhalt der Äußerungen selbst zu suchen, sondern in den Reaktionen der Umgebung und die Interaktionen, die im System dadurch ausgelöst werden.

Systemische Therapie bei Psychosen sei nicht nur möglich, sondern »Therapie der ersten Wahl« – so hat Arnold Retzer (2004) aus den Ergebnissen des Projekts der Heidelberger Familientherapieabteilung (1985–1991) zur systemischen Therapie bei schizophrenen, schizoaffektiven und manisch-depressiven Psychosen geschlussfolgert. Er konnte in einer Nachuntersuchung von Therapieverläufen (Retzer, 1994) zeigen, dass der frühestmögliche Beginn einer Therapie zu den besten Ergebnissen führt. Diese Ergebnisse werden von Studien zum »need-adapted treatment« (Svedberg, Mesterton u. Cullberg, 2001; Seikkula et al., 2006; Aderhold u. Greve, 2009) unterstützt.

Optimal ist nach diesen Ergebnissen eine »lange Kurzzeittherapie«: relativ wenige (fünf bis zwölf), aber sehr intensive Sitzungen (Co-Therapie, zwei Stunden Gesamtdauer) über einen Zeitraum von einundhalb bis zwei Jahren. Das ist in einem stationären Kontext allein nicht zu gewährleisten. Hierfür werden Behandlungsnetzwerke immer wichtiger, in denen eine einheitlich konzipierte systemische Therapie fortgeführt wird, unabhängig davon, ob der Patient sich gerade in der Klinik, in der Ambulanz, in einer Wohngemeinschaft oder in seiner Familie aufhält.

3.6 Die unendliche und die endliche Psychose: Chronifizierungsfördernde Theorien

Am Beispiel der Ideengeschichte über die chronischen Psychosen lässt sich gut zeigen, wie psychiatriegeschichtlich wechselnde Ideen über deren Verlauf zu ganz anderen Behandlungspraktiken geführt haben.

Die Idee der endogenen Psychosen und ihrer schizophrenen und manisch-depressiven Formenkreise, von Kraepelin 1896 formuliert und von Bleuler 1911 weiterentwickelt, postulierte einen eigengesetzlichen Prozess, der in Epochen, Phasen und Schüben verläuft und durch Umwelt und Ausgangspersönlichkeit lediglich variiert, aber nicht dauerhaft beendet werden kann. Sie beschrieb das wissenschaftliche Grundprogramm, das dem Bau der Langzeitasyle zu Grunde lag. Erst in den 1970er Jahren kam es zu Langzeitstudien (Bleuler, 1972; Ciompi u. Müller, 1976; Huber, Gross u. Schüttler, 1979), die dieses düstere Bild infrage stellten.

Der Tenor dieser Studien: Bei zwei Dritteln kommt es im Langzeitverlauf zu einer Besserung. Mit diesen Befunden differenzierte sich die Idee der chronischen Schizophrenien: Chronifizierung ja, aber nicht bei der Mehrzahl der einmal als schizophren Diagnostizierten.

Der Schweizer Sozialpsychiater Ciompi (1980) hielt die Chronifizierung der Schizophrenien zumindest teilweise für ein soziales Artefakt: Wenn Patient, Angehörige und Fachleute aus einer schwierigen Gegenwart auf eine miserable Zukunft schließen, wird diese als »sich selbst erfüllende Prophezeiung« mit hoher Wahrscheinlichkeit zur gelebten Wirklichkeit werden. Dass dies glücklicherweise auch umgekehrt funktioniert, konnten Ciompi, Dauwalder und Ague (1979) in einer prospektiven Studie zum Erfolg psychiatrischer Rehabilitation bezüglich Arbeit und Wohnen zeigen: Wenn der Klient seine berufliche Zukunft optimistisch sah, wenn Betreuer und Angehörige ihm ein selbständiges Wohnen zutrauten und wenn dem Klienten das Rehabilitandendasein nicht gefiel, waren das die besten Prädiktoren für einen guten Rehabilitationserfolg.

Solche Überlegungen führten Ende der 1980er Jahre zu einer Polemik zwischen Vertretern der psychoedukativen und der systemisch-konstruktivistischen Ansätze. Erstere sahen zumindest als Ursache für die akute Psychose eine besonderen Vulnerabilität (Verletzlichkeit), die genetisch und frühkindlich erworben wird und somit eine »Behinderung« darstellt (Hubschmid, 1988). Ihre therapeutische Konsequenz ist eine hinreichende, aber nicht überdosierte medikamentöse Behandlung, ein sehr vorsichtiger Umgang mit zwischenmenschlichen Konflikten und eine Rehabilitation in ganz kleinen Schritten.

Simon und Weber (1988) nannten dies: »Wie man einen Menschen dazu bringen kann, kleine Schritte zu machen, anstatt aufrecht zu gehen«. Sie (und mit ihnen die meisten Systemiker) verstanden psychotisches Verhalten als ein Verhalten, das erst in menschlicher Interaktion durch die gemeinsame Bedeutungsgebung als psychiatrische Krankheit konstruiert wird. Diese Sichtweise legte es nahe, Krankheits- und Behinderungsbegriffe der Beteiligten konstruktiv zu irritieren, um so mehr Optionen der Lebensführung zu gewinnen (Weber et al., 1987; Retzer u. Weber, 1991).

3.7 Die unendliche und die endliche Psychiatrie: Chronifizierung als aktive Gemeinschaftsleistung

Eine systemisch-konstruktivistische Beratung sieht die Chronifizierung von psychiatrisch auffälligem Verhalten nicht als Einzelwerk des Patienten, sondern als eine Gemeinschaftsleistung. An dieser wirken neben den Patienten auch die Angehörigen und die Fachleute, bei längeren Verläufen auch die sozialrechtlichen Bestimmungen und die psychiatrische Patientensubkultur mit. Diese Gemeinschaftsleistung und die einzelnen persönlichen Beiträge dazu sind den Akteuren zwar überwiegend nicht bewusst, setzen aber deren aktives Handeln und aktiven Ideenaustausch voraus. Chronifizierung geschieht entlang einer gewissen Eigenlogik, aber nicht »von selbst« (Schweitzer u. Schumacher, 1995).

Patienten können zu dieser Gemeinschaftsleistung dadurch beitragen, dass sie ein chronifiziertes Zeiterleben entwickeln. Dies erreicht, wer aufhört, sich Zukunft auszumalen, sich Unterschiede zwischen gestern und heute zu verdeutlichen, Veränderungen in seinem Leben durch Rituale zu markieren. Dies erreicht, wer sich grundsätzlich als Opfer, nicht als Täter des eigenen Schicksals begreift. Das eigene Verhalten muss der Umgebung unverständlich erscheinen; der Patient muss sozusagen »verhindern, dass man ihn versteht«. Häufiger werdende Aufenthalte in psychiatrischen Einrichtungen verfestigen dann allmählich die anfangs noch fragile Identität des Behandelten als psychiatrischer Patient durch Symbole wie Diagnosen, Krankschreibungen und sichtbare Medikationsnebenwirkungen. Allmählich wird der eigene Bekanntenkreis zunehmend aus Menschen in ähnlicher Lage bestehen. Sozialrechtliche Leistungen wie die Frührente, der Behindertenausweis, der Zugang zu Rehabilitationsmaßnahmen oder ein Platz im betreuten Wohnen machen das Weiterbestehen einer Erkrankung zur Voraussetzung der Anspruchsberechtigung. Wer auf die Sozialleistungen angewiesen ist, ist daher oft auch auf das Weiterbestehen dieser Erkrankung angewiesen. Die Weitergabe pessimistischer Behandlungserwartungen in Krankenakten und Fallbesprechungen erzeugt bei neuen Behandlern oft frühzeitig eine entsprechende Haltung (Schweitzer u. Schumacher, 1995).

Die systemtherapeutische Umgehensweise mit Chronifizierung lässt sich in zwei Sätzen beschreiben: von »Ich muss anders, aber ich kann nicht anders« zu »Ich könnte vielleicht anders, aber ich muss nicht wollen«.

Zunächst gilt es herauszuarbeiten, was alle Beteiligten aktiv zur Chronifizierung beitragen. Dies wird als ein bislang sinnvolles Vorgehen positiv konnotiert – etwa zur Sicherung der Rente des Patienten oder der Fallzahlenstatistik des psychiatrischen Dienstes.

Zugleich werden »Ausstiegsmöglichkeiten« aus dem Chronifizierungsprozess in die Diskussion gebracht und gedanklich durchgespielt. Die Ambivalenz zwischen dem Pro und Kontra des Chronifizierungsprozesses wird soweit »auf den Punkt gebracht« (zugespitzt), dass neue Entscheidungen möglich werden. Das Ergebnis eines solchen Prozesses ist immer offen. Es kann auch darin bestehen, dass ein Patient sich zu der Devise »Ich bin und bleibe ein Psychotiker« und dass ein Behandlerteam sich zu dem Prinzip durchringt: »Wir wollen unsere Patienten lebenslang versorgen«. Aber dies erscheint nach einer therapeutischen Konversation weniger als unabänderliches Schicksal und mehr als eine Entscheidung, die man so aus guten Gründen treffen kann, die man aber auch anders treffen könnte.

3.8 Psychopharmaka als Familienthema

Die Einnahme von Psychopharmaka ist oft ein Konfliktthema in Familien mit einem als psychotisch diagnostizierten Mitglied. Traditionelle Neuroleptika erzeugen neurologische und allgemeine Befindlichkeitsnebenwirkungen, die oft als unangenehm erlebt werden. Insbesondere kann man den Patienten ansehen, dass sie solche Medikamente einnehmen. Dem gegenüber steht, dass Neuroleptika in der erdrückenden Mehrzahl vorliegender Studien den Rückfallschutz erhöhen. Dieser Konflikt fördert nicht selten Überzeugungskonflikte: in den »inneren Parlamenten« dieser Patienten ebenso wie in deren Familien und ähnlich auch in der psychiatrischen Fachwelt. Nicht nur die stoffgebundenen Wirkungen, sondern auch die damit verknüpften zwischenmenschlichen Beziehungsprozesse sind zwangsläufig ein wichtiges Thema:

1. *Krankenstatus*: Ihre Verschreibung, ihre Einnahme und ihre Nebenwirkungen werden oft gleichgesetzt mit dem Akzeptieren und Offenlegung des bis dahin oft noch unklaren oder umstrittenen Status »psychiatrischer Patient«.
2. *Gesundung oder Dissimulation*: Die Beendigung der Psychopharmakaeinnahme hingegen wird oft in sehr umstrittener Weise wahrgenommen: entweder als Zeichen von Gesundung, meist vom Patienten selbst (»Ich brauche sie nicht mehr«) oder aber als Zeichen mangelnder Krankheitseinsicht, in der Regel von seiner Umgebung (»Er akzeptiert nicht, dass er krank ist«).
3. *Krankheitsursachenkonzept:* Nicht zwangsläufig, aber doch oft signalisiert die Einnahme des Psychopharmakon die Akzeptanz eines primär biologischen Krankheitsverständnisses (»Mit meinem Stoffwechsel stimmt etwas nicht«), die Nichteinnahme hingegen dessen Ablehnung.
4. *Schonräume*: Umgekehrt bieten die Psychopharmaka-Nebenwirkungen oft Entlastungsargumente für die Nichterfüllung zwischenmenschlicher Anforderungen, sei dies im persönlichen und intimen Bereich (»Bei so viel Tabletten hättest du sexuell auch keine Lust«) oder in der beruflichen Sphäre (»Mit diesem Zittern kann ich mich doch bei der Arbeit nicht blicken lassen!«).

Diese vielen Bedeutungsebenen machen Psychopharmaka zu einem hochinteressanten Thema systemischer Therapie bei Psychosen. Hier interessieren insbesondere die Nützlichkeit von Psychopharmakaverschreibung und -einnahme für die daran beteiligten Mitglieder des Behandlungssystems: für Patient, Angehörige, Nachbarn, Ärzte, andere Fachleute, Krankenkasse, Rentenversicherung usw.

Wie auch sonst in einer wirksamen systemischen Therapie ist hier eine Haltung der Neutralität wichtig, jegliche Pro- oder Kontra-Haltung gegenüber Medikamenten ist zu vermeiden, sondern mit Neugier die damit verbundenen Bedeutungsgebungen zu erkunden, um so die Zahl produktiver Handlungsoptionen zu erhöhen. Dies ist etwas gänzlich anderes als eine antipsychiatrische Haltung, die Medikamente für Unterdrückungswerkzeuge hält oder deren antisymptomatische Wirkmöglichkeiten verleugnen will.

3.9 Systemisch arbeitende psychiatrische Einrichtungen

Unsere Arbeitsgruppe begann sich Ende der 1990ger Jahre damit zu befassen, wie diese systemischen Ideen im Alltagsbetrieb psychiatrischer Organisationen umgesetzt werden können – insbesondere wie über das kompetente Engagement Einzelner hinaus eine ganze Klinik »systemisch arbeiten kann« (Schweitzer, Nicolai u. Hirschenberger, 2005).

Wir sammelten avancierte Praxisbeispiele, formulierten und operationalisierten Merkmale »systemisch arbeitender Krankenhäuser« – mit der Zielsetzung, Ideen aus der systemischen Therapie und Beratung in den Einrichtungen so zu verankern, dass sie unabhängig von einzelnen Personen Teil eines konsistenten Organisationskonzepts werden.

Als Zielsetzungen einer systemisch orientierten Psychiatrie definierten wir:
1. *Angehörigenorientierung*: Familienangehörige und andere wichtige Menschen aus dem sozialen Netz des Patienten werden von vornherein in die Behandlung einbezogen, um zur Lösung sowohl der Probleme des Patienten als auch ihrer eigenen Probleme im Umgang mit dem Patienten beizutragen.
2. *Systemische Selbstreflexion, kontextuelles Krankheitsverständnis*: Dabei werden Gesprächsformen gepflegt, die allen Beteiligten helfen zu verstehen, wie sie selbst zum Problem und zur Lösung beitragen können.

3. *Endliche Psychiatrie*: Dabei wird die Idee eines jederzeit wieder möglichen Ausstiegs aus psychiatrischen Karrieren offengehalten, deren Chronifizierung stets als interpersoneller Artefakt (Ciompi, 1980) infrage gestellt wird.
4. *Multiple Auftragsorientierung*: Es werden die Wünsche, Interessen, Befürchtungen und Krankheitstheorien der verschiedenen an der psychiatrischen Behandlung beteiligten Parteien erkundet und in die Behandlungsplanung einbezogen – der unmittelbaren Nutzer psychiatrischer Dienstleistungen (Patienten und Angehörige) ebenso wie die Mitarbeiter, der Träger, die Finanziers. Dies erfordert genaue, voraussetzungslose Auftragsklärung.
5. *Verhandlungskultur*: Da die beteiligten Parteien ohnehin nur tun, was ihrer Eigenlogik entspricht, werden strittige Themen (z. B. Diagnosen, Medikation, Aufnahme/Entlassung, Zwangsbehandlung etc.) unter Berücksichtigung gegebener Rahmenbedingungen (z. B. Behandlungs- und Finanzierungsleitlinien) und Machtverhältnisse (Wer hat die juristische Verantwortung wofür?) soweit möglich ausgehandelt.

4 Prinzipien systemisch-psychiatrischer Praxis

Zu den genannten Grundprinzipien einer systemisch-psychiatrischen Organisation wurde ein Leitfaden für die Reflexion systemischer Behandlungskultur in psychiatrischen Einrichtungen entwickelt, die als »Reflexionsliste systemische Prozessgestaltung in psychiatrischen Kliniken« (Schweitzer, Nicolai u. Hirschenberger, 2005, S. 49–63) zur Anregung von Organisationsentwicklungsprozessen in psychiatrischen Einrichtungen genutzt und später zum Beispiel für die systemische Kinder und Jugend Psychiatrie weiterentwickelt wurde (Höger u. Geiken, 2006). Eine Auswahl der Themen dieser Reflexionsliste wird hier beschrieben.

4.1 Kontext- und ressourcenorientiertes Sprechen

Positive Konnotation: Wenn die »Sprache der Familientherapie« in die alltäglichen Fall- und Übergabesprechungen Einzug hält, stellt sie zunächst einmal gängige negative Bewertungen infrage.

Am Beispiel des Patienten Herrn E. diskutierte ein Psychiatrieteam unverständlich, unsinnig und als selbstdestruktiv erscheinende Verhaltensweisen. Er zieht sich beharrlich immer mehr zurück, lehnt alle Angebote zum Kontakt mit der Umwelt konsequent ab und scheint seine soziale Isolation gezielt voranzutreiben. Dieses Verhalten könnte auch als ein sicherlich in sich begründeter Lösungsversuch – der für die Beobachter noch unverständlich ist – betrachtet werden. Herr E. »verteidigt« seine Autonomie, ganz gleich ob wir es verstehen oder nicht, er will im Moment so leben.

In einem nächsten Schritt werden Hypothesen für die guten Gründe des Rückzugs diskutiert. Es wird deutlich, dass sich das Team in einem professionellen Dilemma befindet: Wenn man die autonome Entscheidung des Patienten – sich ganz aus sozialen Kontakten zurückzuziehen – akzeptiert, bedeutet dies einerseits Achtung vor seiner Selbstbestimmung und andererseits eine für ihn zunehmende Abhängigkeit vom psychiatrischen Versorgungsnetz. Ihn von diesen Rückzugsbestrebungen gegen seinen Widerstand abzuhalten, geht mit der gut gemeinten Absicht längerfristig mehr äußere Unabhängigkeit zu erreichen, unmittelbar jedoch mit einer Missachtung seiner Entscheidungsautonomie einher.

Patienten als Teamsupervisoren: Solch differenziertes Sprechen, wie im Beispiel von Herrn E., ist im Alltag schwer durchzuhalten, da Teambesprechungen häufig auch der kathartischen Entsorgung von Ärger und Frustration der Mitarbeiter über die Patienten dienen. Drastischer ändert sich die Sprache, wenn die Patienten leibhaftig bei den Besprechungen anwesend sind.

Patienten können nach vorheriger Anmeldung an dem Teil der Teamsitzung teilnehmen, bei dem über sie gesprochen wird. Sie hören zunächst zu und können am Ende der Sequenz eine Rückmeldung oder einen Kommentar abgeben oder Fragen stellen. Solche Angebote lösen eine anfängliche Welle der Neugier auf beiden Seiten aus. Im Alltagsbetrieb werden sie dann selektiver genutzt: Das Team möchte auch einmal schwer Sagbares unter sich austauschen und die Patienten möchten auch einmal ihre Ruhe haben. Dennoch werden solche Angebote insgesamt gut genutzt. Die Patienten reagieren gestärkt und selbstbewusst und geben zunehmend differenzierte Rückmeldung über die Arbeit des Teams.

Zweierlei Ressourcenorientierung: Man kann eine »Ressourcenorientierung erster und zweiter Ordnung« unterscheiden. Im einen Fall werden erhalten gebliebene Stärken, Ausnahmen vom Problem oder wieder gewonnene Kompetenzen von den Behandlern aufmerksam wahrgenommen und zurückgespiegelt. Dies gelingt vielen Teams, auch ohne jegliche systemische Orientierung. Anspruchsvoller ist es, in stagnierenden Behandlungen, Rückfällen und Wiedereinweisungen oder überraschenden Krisen – also aus Behandlersicht deprimierenden Ereignissen – einen »Sinn« für die Lebensgestaltung des Patienten zu entdecken bzw. miteinander zu konstruieren. Dazu scheinen Weiterbildungen der Mitarbeiter besonders zum zirkulären Hypothesenbilden und zur positiven Konnotation eines Symptoms notwendig (Ruf, 2005).

Die Art, wie über Patienten gesprochen wird, scheint maßgeblich vom Institutionstyp beeinflusst. In sozialpsychiatrischen Diensten, die in einem freiwilligen Kontext mit weniger Kontrollaufgaben arbeiten, wird fast zwangsläufig mehr mit als über Patienten gesprochen. In Einrichtungen der Akutversorgung mit starker Kontrollfunktion scheinen Defizite und das Sprechen darüber vordergründiger.

4.2 Verhandeln über Sinn, Inhalt und Dauer des Aufenthalts

Auftragsklärung in der stationären Psychiatrie: Ein kontextuelles Krankheitsverständnis weist auch dem stationären Aufenthalt einen bestimmten Platz in der Biografie eines Patienten und seines Familiensystems zu. Diesen zu erkunden, macht es möglich, mit den Patienten darüber zu verhandeln,
- *wem* (ihr/ihm, seinen Angehörigen, seinem Arzt, seiner Sozialarbeiterin, seinen Rentenansprüchen …) der Aufenthalt dienen soll;
- *welches Ziel* (z. B. Ausspannen aus belastenden Lebens- oder Betreuungssituationen) er hat;
- *welchen Maßnahmen* (z. B. Medikamenteneinnahmen, Psychotherapie oder »einfach nur von zu Hause weg sein«) erwartet und gewünscht sind;
- *welche Dauer* (drei Tage, vier Wochen, drei Monate, mehrere Jahre) der Aufenthalt haben soll.

Unsere Beobachtungen zeigen, dass in freiwilligen Kontexten solches Erfragen von und Verhandeln über Wünsche und Vorstellungen viel leichter ist als in Klinikkontexten, insbesondere in der Akutversorgung. Hier werden die Patienten oftmals in einem »nicht verhandlungsfähigen Zustand« aufgenommen. Die Umstände, die verhandelt werden könnten, wie beispielsweise Dauer und Sinn des Aufenthalts, scheinen durch den akuten Anlass so offensichtlich und gleichzeitig auch dadurch begrenzt. Der Hamburger Systemtherapeut Karsten Groth (2000) hat einige schöne Verhandlungsbeispiele beschrieben.

»Wem zuliebe wollen Sie wie viel Behandlung auf sich nehmen?«: Speziell in der psychiatrischen Rehabilitation kann eine Frage wie »Wer möchte am meisten, dass Sie zur Arbeitstherapie kommen, Sie oder Ihr Arzt oder gibt es noch jemanden in Ihrem Leben, dem das wichtig ist?« in eine individuelle und protokollierte Vereinbarung zwischen Team und Teilnehmer über die Häufigkeit der Anwesenheit und die Ziele der gemeinsamen Arbeit münden.

Mit einem Patienten, der in einem solchen Gespräch sein eigenes Interesse an der Arbeitstherapie mit 10 %, das seiner Mutter mit 30 % und das Interesse seines behandelnden Arzt mit 60 % beschreibt, vereinbarte man Folgendes: »Auch das Interesse anderer kann ein Beweggrund sein, an der Arbeitstherapie teilzunehmen. Bitte überlegen Sie sich in den nächsten Tagen, wie groß der Gefallen sein soll, den Sie Ihrem Arzt und Ihrer Mutter tun wollen. Entsprechend können Sie dann Ihre Arbeitszeiten hier vereinbaren.« Der Patient entschied sich dafür, je drei Stunden pro Woche an der Arbeitstherapie teilzunehmen.

Reha-Protokolle: Bei Reha-Konferenzen unter Beteiligung der Familienangehörigen kommen möglichst alle am Prozess Beteiligten zusammen, um eine gemeinsame Bestandsaufnahme zu machen. Auf deren Basis erstellt man in der therapeutischen Arbeitsstätte von allen Gesprächssettings verständliche Protokolle, die man mit den Klienten ergänzt und verbessert, bis diese sie gegenzeichnen können. Dann werden sie mit Einverständnis des Betroffenen an alle anderen Gesprächsbeteiligten weitergegeben.

»Zehn-Jahres-Verträge«: Eine etwas ungewöhnliche und provozierend erscheinende, eigentlich aber an den Rehabilitationsalltag anknüpfende Praxis können sehr langfristige Behandlungsverträge sein. Diese beinhalten das Angebot der Einrichtung, dass ein Patient sie für eine festgelegte Mindestzeit (z. B. zehn Jahre) nutzen kann und die Behandler nichts gegen seinen ausdrücklichen Wunsch tun werden, um ihn ganz oder in eine andere Betreuung oder Behandlung zu entlassen.

Eine Patientin erhielt einen Zehn-Jahres-Vertrag kurz nach ihrer Aufnahme in eine Therapeutische Arbeitsstätte. Sie war in der vorbehandelnden Tagesklinik immer dann, wenn man auf die

Entlassung zusteuerte, mehrfach in psychotische Krisen gerutscht. Sie bekam neben dem Zehn-Jahres-Vertrag eine Zusicherung, als Bürokraft in einem Verlag eingestellt zu werden, sobald eine Stelle frei würde. Inzwischen arbeitet sie dort seit einigen Jahren ohne weitere psychotische Krisen.

Solches Verhandeln mit Patienten als mündigen Kunden breitet sich inzwischen auch bei den in ihrer Geschäftsfähigkeit meist leicht angezweifelten Psychiatriepatienten aus. Dies hat auch gesundheitsökonomische Aspekte: Ein kundenfreundliches Image, »dort gehört zu werden«, bindet Patienten längerfristig an die Einrichtung. Darüber hinaus dient es der Arbeitserleichterung der Mitarbeiter qua effektiver Abstimmung von Behandlungsstrategien, wenn die Vorstellungen der Patienten und Angehörigen genau erfragt und schon vorab berücksichtigt werden.

4.3 Wahlmöglichkeiten im Behandlungsmenü

Psychiatrische Kundenorientierung: Das Kundenorientierungsprinzip (Schweitzer, 1995) führt auch in der psychiatrischen Versorgung zu der Idee, die Behandlungselemente eher als »Menü à la carte« denn als vorgegebene Standardversorgung anzuordnen. Wie viel »Hinzu- und Abwahlmöglichkeiten« Patienten allerdings haben sollten, ist auch in systemisch orientierten Einrichtungen kontrovers. Zwischen den Extremen »Keinerlei Wahlfreiheit – vollständig festgelegter Behandlungsplan« und »Völlige Wahlfreiheit – an jedem Tag neu« steht das häufig anzutreffende Modell »Den Patienten Vorschläge machen, über die dann verhandelt wird«.

Geht das in Krankenhäusern? In klinischen Kontexten produziert die Vorstellung des Behandlungsmenüs größere Verunsicherung. Man möchte sich das professionelle Heft nicht gänzlich aus der Hand nehmen lassen, »die Patienten sind ja nicht zum Vergnügen in psychiatrischer Behandlung« (Zitat eines Arztes). Neben dem Behandlungsprogramm scheint hier auch das professionelle Selbstverständnis zur Disposition zu stehen. Kliniken sehen sich einem größeren Rechtfertigungsdruck bezüglich der Qualität und

Quantität ihrer Versorgungsleistungen ausgesetzt. Bei einer unverbindlichen Teilnahme an therapeutischen Angeboten »nach Art einer Volkshochschule« fürchtet man negative Auswirkungen auf die Kostenerstattung.

»Chaotischer Anreicherungsprozess« (Krüger, 2000): Eine Tagesklinik in Friedrichshafen beschreibt ihr therapeutisches Konzept weitgehender Wahlfreiheit als »chaotischen Anreicherungsprozess«. »Wir wissen nicht, welcher Weg für Sie der richtige ist!«, bekennt die Einrichtung und gibt damit die Verantwortung an Patienten zurück. Die Tagesklinik bietet lediglich einen Rahmen mit einer Morgen- und Abendrunde und den gemeinsamen Mahlzeiten. Ansonsten können Patienten weitgehend frei im sogenannten Behandlungsmenü wählen und jeden Tag ihren Bedürfnissen entsprechend neu strukturieren, abgestimmt nur mit einem Therapeutenduo aus Arzt oder Psychologen und einer Bezugsperson aus der Pflege. Diese Tagesklinik modifizierte ihr Konzept, nachdem die Erfahrung gemacht wurde, dass Patienten häufig am nächsten Tag nicht mehr erschienen, wenn man in der therapeutischen Arbeit an schwierige Themen kam. Der Wunsch nach einer kontinuierlicheren Auseinandersetzung führte unter anderem zu der Entscheidung, eine einmal (vom Patienten) getroffene Wahl über einen längeren Zeitraum verbindlich zu machen.

Grenzen der Kundenorientierung: Zu viel Kundenorientierung kritisieren sogar die Betroffenen. In einem Wohnheim sieht das Betreuungskonzept vor, die Privatsphäre der Bewohner bedingungslos zu respektieren. Daher gehen die Mitarbeiter nicht einfach auf die Stockwerke, sondern bieten dort einmal pro Woche eine Sprechstunde an, ansonsten können sie im Büro des Hauses aufgesucht werden. Das Echo auf diese Vorgehensweise ist bei den Bewohnern außerordentlich geteilt. Zufriedener waren jene, die sich mit langer Perspektive in dem Wohnheim eingerichtete hatten. Diejenigen – vor allem jüngere Bewohner –, die den Schritt nach draußen wieder schaffen wollten, fühlten sich eher unterfordert. Ähnlich lobten auf der Depressionsstation eines psychiatrischen Krankenhauses Patienten, dass die früher sehr großzügige Wahlfreiheit ein wenig eingeschränkt wurde. »Manchmal könnte es sogar noch ein bisschen mehr Druck sein, damit man aus der eigenen Lethargie herausfindet. Es stinkt einem schon manchmal, wenn man dahin muss. Aber wenn man nur im Bett rumliegt und gar nichts macht, braucht man nicht in die Klinik, das kann man auch daheim.«

Ein anderer Aspekt, der zu viel des Guten (Wählens) eher wieder unattraktiv werden lässt, liegt in der Gefahr verschärfter Konkurrenz innerhalb des Behandlerteams. Wie auf dem freien Markt bestimmt die Nachfrage der Patienten, ob beispielsweise eher die Ergotherapie oder die Tanztherapie zum Renner oder zum Ladenhüter der Saison wird!

Mit jedem seine maximale Autonomie ausloten«: Ein anderes Wohnheim beschreibt seine Verhandlungskultur so: »Wir lernen immer genauer hinzugucken, was die Bewohner wollen, aber auch was wir wollen.« Das Konzept des langsamen Hinführens zur Selbstständigkeit der Bewohner ist auch ein kontinuierlicher Entwicklungsprozess der Einrichtung: »Vor fünf Jahren haben wir noch Essen für alle mit der Kelle ausgeschöpft, heute kocht mancher Bewohner komplett und selbstständig für zehn Personen« (Zitat einer Mitarbeiterin). Man möchte die Bewohner nicht entmündigen, indem man ihnen alles abnimmt, sie aber auch nicht überfordern mit Ansprüchen, denen sie nicht gerecht werden können. Daher lotet man mit jedem seine maximale Autonomie aus. Eine Angehörige formulierte ihre Eindrücke so: »Ich habe mich lange gewundert, dass die einen selbst kochen und einkaufen, anderen beim Kochen und Einkaufen geholfen wird und wieder andere gar nichts machen müssen. Dann habe ich verstanden, dass die das alles mit denen einzeln aushandeln, eben wie jeder kann.«

4.4 Reflexionssettings für Familien und Angehörige

Angehörige wünschen – auch in klinischen Einrichtungen mit systemisch ausgebildeten Leitungskräften – mehr Beratung und Einbindung, mehr Familiengespräche, insbesondere zur Vorbereitung der Rückkehr nach der stationären Behandlung (Scheidt et al.,

2001). Dazu braucht es innerhalb der Einrichtungen eine klare und selbstverständliche Institutionalisierung der Familiengespräche im Routineablauf, und nach außen, gegenüber den Kassen, klare Zeit- und Kosteneinheiten, die abgerechnet werden können. Wo sich Patienten auf eine lange Verweildauer einrichten, wie etwa in Dauerwohnheimen, wollen Angehörige nicht fortlaufend zu Gesprächen eingeladen werden. Sie wollen eher »ihren Frieden und ihre Ruhe wiederfinden«, nachdem ja nun ein guter und verlässlicher Lebensplatz für den Angehörigen gefunden sei. Starke Nachfrage findet sich vor allem in akutklinischen Einrichtungen, wo Angehörige in direkter Versorgungsverantwortung stehen, das heißt in der Kinder- und Jugendpsychiatrie sowie in der Gerontopsychiatrie. Es folgen einige Praxisbeispiele gelungener Reflexionssettings.

Familiengespräche: Sie sind insbesondere zu Beginn des Aufenthalts zur Auftragsklärung und zum Ende hin zur Entlassungsvorbereitung wichtig. Sie werden heutzutage meist nicht mehr als Familientherapie bezeichnet, weil dies im Sinne einer generellen Pathologisierung der Familie missverstanden werden könnte, dass nämlich die Klinik automatisch auch die Angehörigen für psychisch gestört halte. Insbesondere bei engen familiären Bindungen des Patienten können die Gespräche Autonomiespielräume vergrößern helfen. Aber auch bei unbewältigten, vermiedenen Auseinandersetzungen mit Angehörigen, von denen der Patient ängstliche Distanz hält, können sie erleichternd wirken. Für solche »Mehrpersonenereignisse« braucht die psychiatrische Einrichtung in ihrem Zeitplan einen guten, festen Platz, da die Koordination zwischen der Familie in ohnehin stressvollen Zeiten, mit den Mitarbeitern im enggetakteten Psychiatriealltag eine logistische Herausforderung darstellt.

Angehörigenvisite (Ostermann, 1992, zit. nach Keller, 2002b; Johannsen, 1997): In der rheinischen Psychiatrie wurde um 1985 die »Angehörigenvisite« als eine Mischung von systemischem Familiengespräch einerseits und erweiterter klassischer Visite unter Einbezug von Angehörigen andererseits entwickelt. Sie wird meist wöchentlich in Zeiteinheiten von je 20 Minuten angeboten. Patienten und Angehörige können sich je nach Bedarf, der von Woche zu Woche wechseln kann, dort für einen Termin eintragen lassen. In der Gesprächsführung kommen zahlreiche Elemente der systemischen Therapie zum Tragen, freilich steht das pragmatische Aushandeln von »nächsten Schritten« im Vordergrund.

Reflecting Families (Caby u. Geiken, 2000): Ausgangspunkt für die Einführung sogenannter »Reflecting Families« in einer Kinder- und Jugendpsychiatrie war der Versuch von Mitarbeitern, sich Beratung von Eltern zur Handhabung disziplinarischer Krisen auf der Station einzuholen. Inzwischen wurde das Konzept auch außerhalb von Krisenzeiten erprobt. Eltern, Kinder und Therapeuten bilden jeweils eine Gruppe. Die Therapeutengruppe spricht dann zum Beispiel auf der Station mit den Kindern und Jugendlichen über die Situation. Die Eltern als Gruppe schauen hinter einer Einwegscheibe zu und setzen sich danach als reflektierendes Team zusammen, um über ihre Eindrücke »öffentlich zu tratschen«. Andere Zusammensetzungen sind je nach Anliegen denkbar und werden ausprobiert. Die Vorteile systemischer Familientherapie werden hier verknüpft mit entschuldender und solidarisierender »Zusammenschweisung« in Eltern- und Kindergruppen. Das »stärkt« diese beiden oft verunsicherten Parteien. Familientherapie wird parallel dazu, aber seltener (in circa dreiwöchentlichem Abstand) durchgeführt. Wichtig für das Gelingen ist die lösungsorientierte Eingangsrede der Therapeuten, die »den Ton vorgibt«.

Kooperationsgespräche (Deissler, Keller u. Schug, 1995; Keller, 2002a): Hier treffen Patient, Angehörige und Behandler unter Moderation eines nicht selbst behandelnden »Dialogprofis« zusammen, um die Kooperation und Kommunikation zwischen diesen Subsystemen in Gang zu bringen oder zu halten. In einer stark strukturierten Form werden Mitarbeiter und Familienmitglieder nacheinander einzeln, aber in Gegenwart des anderen von einem Berater oder einem Team interviewt. Man möchte, dass die Beteiligten hören, was die andere Seite bewegt, denkt, erfahren hat und an Schlüssen zieht, ohne dass beide Seiten darüber direkt in einen Dialog treten. Im dritten Schritt reflektiert das Beraterteam das

Gehörte und in einem vierten Schritt werden noch einmal beide Seiten einzeln interviewt. Die lösungsorientierten Fragen und das neutrale Setting können auch bei bereits lang anhaltenden Konflikten zwischen Mitarbeitern und Angehörigen eine Verständigung anregen.

Systemische Gruppentherapie mit Psychoseerfahrenen: Bislang eher selten anzutreffen ist die Gruppentherapie mit systemischen Methoden. Das Setting bietet Möglichkeiten für Patienten, eine Außenperspektive einzunehmen, indem sie an den Gesprächen anderer Patienten teilnehmen und die Art der systemischen Betrachtung, Erfahrungen und Lösungsmöglichkeiten auf ihre eigene Situation beziehen.

In einer psychiatrischen Tagesklinik (Greve, 2000) wird eine niedrigschwellige, themenzentriert systemische Gruppentherapie angeboten. Die Patienten bringen zu Beginn der Sitzung der Reihe nach ihre Themen ein. Die Gruppe stimmt ab, welches Thema »drankommen« soll. Themen können Fragen des Behandlungsverlaufs, der aktuellen Befindlichkeit, des persönlichen Lebensalltags mit meist sehr unterschiedlichem »Tiefgang« sein. Die Protagonisten werden in der Regel circa 20 Minuten systemisch interviewt, die Gruppe hört zu. Danach setzen sich die teilnehmenden Mitarbeiter zu einem Reflektierenden Team zusammen und schließlich hat jeder Teilnehmer die Gelegenheit, das Gehörte zu kommentieren oder eigene Erfahrungen beizusteuern.

Die »Stabsstelle für Familienberatung« (Klekamp, Knirsch u. Vieten, 1996): In einer großen psychiatrischen Einrichtung wurde im Zuge eines Enthospitalisierungsprozesses eine »Stabsstelle für Angehörigen- und Familienberatung« geschaffen. Sie hilft Angehörigen, Selbsthilfegruppen zu gründen, bietet Seminare für Geschwister von behinderten und psychisch kranken Menschen an und auch in unterschiedlichen Settings Paar- und Familiengespräche. Fortbildungswochen für Mitarbeiter vermitteln systemische Grundannahmen. Mit dem Angebot von Kooperationsgesprächen zwischen Angehörigen und Mitarbeitern können langjährige konfliktreiche Beziehungen bearbeitet werden. Balintgruppen bieten Stations- und Gruppenmitarbeitern eine Möglichkeit, Unterstützung und supervisorische Hilfe für ihre Arbeit im Spannungsfeld zwischen Angehörigen und Patienten zu erhalten. Eine Fachgruppe »Systemische Ansätze« bildet ein Forum der Reflexion, Information und Supervision und bündelt das systemische Wissen in der Einrichtung.

4.5 Verhandeln über Medikamente und psychiatrische Diagnosen

Während sich die systemische Familientherapie in ihrer Entwicklungsgeschichte gegenüber Attributen einer medizinisch orientierten Psychiatrie, insbesondere psychiatrischen Diagnosen und Psychopharmaka, vorwiegend indifferent bis kritisch verhalten hat, propagieren neuerdings systemische Therapeuten in Kliniken, Diagnosen und Medikamente auch für systemische Betrachtungsweisen offensiver zu nutzen.

»Medikamente und Diagnosen als Werkzeug des Kunden anbieten«: So offeriert der Kinderpsychiater Ingo Spitczok von Brisinsky (1999) »Medikamente und Diagnosen als Werkzeug des Kunden« – in diesem Fall als ein kinderpsychiatrisches Angebot an Eltern und Kinder, über dessen Vor- und Nachteile der Arzt als relativ neutraler Berater berät. Gemäß dem Motto »Psychopharmaka sind ein Werkzeug der Kunden, nicht des Arztes« besteht die Aufgabe des Arztes lediglich darin, Risiken und potentielle Nützlichkeit des Werkzeuges aufzuzeigen.

Diagnosen immer mit Patienten besprechen? Diagnosen können aus konstruktivistischer Sicht unter dem Aspekt geprüft werden, ob sie für die verschiedenen beteiligten Parteien die Anzahl der angenehmen Handlungsoptionen erhöhen oder verringern. Für die Behandler stehen dabei meist im Vordergrund:
- Trägt die Diagnose zur Wahl der optimalen Behandlungsweisen und zu einer realistischen Prognose des Verlaufes bei?
- Erlaubt mir die Diagnose eine fachliche Verständigung mit meiner »professional community« (z. B. mit meiner Oberärztin, meinem Pflegedienstleiter, auf dem nächsten Kongress)?

– Bringt die Diagnose die Krankenkasse (und als deren Prüforgan den Medizinischen Dienst) dazu, die Behandlung in gewünschter Länge zu bezahlen?

Für die Patienten stellen sich Fragen wie:
– Berechtigt die Diagnose zu Hoffnungen, dass sich das Problem durch eigenes Bemühen von selbst wieder »auswächst« oder durch das Bemühen anderer »überwunden« werden kann? Oder stempelt mich die Diagnose zum »hoffnungslosen Fall« ab?
– Erzeugt die Diagnose sozialen Druck in meinem Umfeld (»Stell dich nicht so an!«) oder schützt sie mich vor unbewältigbaren Anforderungen (»Bei der Krankheit kann man das von ihr nicht erwarten«)?
– Verbindet mich die Diagnose mit meinem Umfeld (»Opa hatte das auch schon«) oder führt sie zum sozialen Ausschluss (»Das Risiko können wir zu Hause nicht tragen«)?

Für die Angehörigen kommen Fragen hinzu wie:
– Muss der Patient mit dieser Diagnose von uns dauerhaft versorgt (finanziert, gepflegt …) werden?
– Was können wir von ihm erwarten und verlangen?
– Wie ernst kann ich sie/ihn geistig nehmen?

Über Diagnosen zu verhandeln bedeutet zunächst, zu erkunden, wie interessiert die Beteiligten an einer Diagnose sind, und wenn sie dies sind, folgende Themen zu besprechen:
– *Variante 1:* zunächst nach den eigenen, bereits gebildeten Diagnosen (Krankheitstheorien) der Beteiligten und deren Handlungsfolgen fragen. Erst danach gegebenenfalls die Theorien aus fachlicher Sicht ergänzen oder korrigieren und auf dieser Basis ein gemeinsames Problem- und Lösungsverständnis entwickeln.
– *Variante 2:* Diagnosen mitteilen, nachdem man sie zunächst als eine soziale Konvention beschrieben hat (»In der Psychiatrie bezeichnen wir dies als …«), und dann das derzeitige Wissen über Ursache, Prognose und Behandlung als vorläufiges und mit begrenzten empirischen Wahrscheinlichkeiten zutreffendes darstellen. Danach erkunden, welche Vorstellungen, Reaktionen,

Handlungsimpulse dies bei den Beteiligten auslöst, und auf dieser Basis ebenfalls ein gemeinsames Problem- und Lösungsverständnis entwickeln.

Ressourcenorientiert behandeln, defizitorientiert abrechnen: Unvermeidlich wird eine »Schizophrenie der Diagnosen« für psychiatrische Kliniken, die sich um einen konsequent ressourcenorientierten Umgang mit Patienten bemühen. Bei einer Visite belehrte der Chefarzt den jungen Assistenten über ein Schreiben an die Kostenträger. »Wenn Sie nur von Fortschritten und Besserungen schreiben, kriegt der nie 'ne Verlängerung.«

Wie jede schizophrene Situation wird aber auch diese auflösbar, wenn man über sie metakommunizieren kann: Wenn man einer Patientin verständlich machen kann, dass eine bestimmte Diagnose für Abrechnung, Befundmitteilung oder Krankschreibung richtig und nützlich ist, dass man aber in der Behandlung intern einer anderen (z. B. Situationsdiagnose) folgen kann.

Pharmakotherapeutische Entscheidungen als Teamprozess (Pallenberg, 2000): Psychiatrische Pharmakotherapie dient meist mehreren verschiedenen Zielen zugleich: Symptombehandlung, sozialer Kontrolle, Interaktion und juristischen Zwecken. Daher ist es wichtig, die Verordnung nicht nur mit Patienten und eventuell mit deren Angehörigen (vgl. Schweitzer u. Raskopf, 2000), sondern auch mit dem Pflegepersonal auszuhandeln.

Bei stationären Patienten wird zum Teil hoch dosiert, weil das Verhalten der Patienten mit der Höhe und Art der Medikation verknüpft wird, die der Arzt verantwortet. Krisen treten aber oft in Zeiten auf, wenn der Stationsarzt nicht anwesend ist (z. B. abends oder an Wochenenden), sodass man eher prophylaktisch höher dosiert. Patienten nehmen, wenn sie selbst entscheiden, tendenziell eher weniger Medikamente, das Pflegepersonal wünscht eher mehr. Entscheidungen bezüglich der Psychopharmakotherapie, die die Belange aller Beteiligten, also auch des Pflegeteams, nicht berücksichtigen, führen selten zu befriedigenden Lösungen.

So gelang es einer Station in psychiatrischen Krankenhaus Wunstorf (Pallenberg, 2000), den Verbrauch von hochpotenten Neuroleptika und Tranquilizern drastisch zu reduzieren, indem besonders das Pflegepersonal in die Diskussionen über Medikamentendosierungen intensiv einbezogen wurde. Dies geschah durch Teamfortbildung über Medikamentenwirkungen, Risiken und Nebenwirkungen, durch eine Offenlegung des Medikamentenverbrauchs, durch Bedarfs- oder Zusatzmedikation als fakultative Handlungsmöglichkeiten in akuten Krisen und indem der Erfahrungsschatz der Pflegedienstmitarbeiter genutzt wurde. In der Wunstorfer Station entwickelten die Mitarbeiter einen gewissen Stolz darauf, dass sie dieselben Patienten auch mit wesentlich weniger Medikamenten gut versorgen konnten. Dies wurde zu einem positiven Feedback für die eigenen Kompetenzen.

4.6 Verhandeln über Zwangs- und Kontrollmaßnahmen

Entsprechend dem von Foerster'schen Imperativ »Handle stets so, dass du die Zahl der Möglichkeiten vergrößerst!« (1985) können Situationen, die von Zwang und sozialer Kontrolle geprägt sind (Zwangsunterbringung, Zwangsbehandlung, Ausgangsbegrenzung, Fixierung …) sehr unterschiedlich gesteuert werden (Borst u. Lehrr, 2008). Ein an systemischen Prämissen orientiertes Verhandeln in psychiatrischen Konfliktsituationen versucht den Patienten Verantwortung zurückzugeben, indem:
– dem Patienten deutlich gemacht wird, vor welchen Kontrollaufgaben der Behandler sich gestellt sieht und zwischen welchen unterschiedlichen Kontrollprozeduren er auswählen kann;
– dem Patienten deutlich gemacht wird, durch welche eigenen Handlungsweisen er den Behandler zu welchen Kontrollprozeduren bewegen wird;
– dem Patienten so sein Einfluss und dessen Grenzen verdeutlicht werden;
– gegebenenfalls der Patient mit dem Behandler über die für beide Seiten günstigste Vorgehensweise verhandeln kann, wenn der Patient dies will.

Behandlungsverträge (Mecklenburg u. Ruth, 2000): Verträge können auch die Funktion einer Handlungsanleitung für Mitarbeiter haben, wenn ihre Patienten in eine akute Krise rutschen. Mit Patienten, die mit schwierigem – zum Beispiel aggressivem – Verhalten, psychotischen Episoden oder in akuten Krisen immer wieder die Klinik aufsuchen, schließt man Verträge, wie man sie behandeln soll, wenn sie das nächste Mal in einem verhandlungsunfähigen Zustand kommen. »Wie sollen wir mit Ihnen verfahren, wenn Sie kurzfristig nicht ansprechbar sein werden?« Erstaunt registriert man, wie klar die Patienten selbst wissen, welche Maßnahmen notwendig sein würden, wenn der Fall der Fälle einträte. In diese Vereinbarung können auch andere behandelnde Dienste einbezogen werden.

Urlaub statt Krisen: Ein Wohnheim bietet den Bewohnern durch ein Urlaubskontingent Spielräume, durch die manche Krise oder Eskalation im Vorfeld vermieden werden kann. Jeder Bewohner hat eine Anzahl von Urlaubstagen, an denen er sich eine »Auszeit« nehmen kann. Damit soll vermieden werden, dass Bewohner sich über Krisen oder Krankheit Rückzugsmöglichkeiten schaffen müssen, sondern sie erhalten diese über »Urlaubstage« ganz offiziell.

Solche (Ver-)Handlungsspielräume sind größer in Strukturen, die den Handlungsdruck niedrig halten können, damit Zeit für die Prüfung und Entwicklung mehrerer Optionen bleibt.

5 Die SYMPA-Weiterbildung

Das Kernstück des Projekts war die Weiterbildung ganzer multidisziplinärer Teams in den beteiligten Kliniken mit dem Ziel, durch intensives Training systemisch-familientherapeutisches Arbeiten auf den Stationen als gemeinsame Behandlungsgrundlage zu etablieren.

5.1 Organisation der Weiterbildung

Die Weiterbildung fand in drei Abschnitten statt. Die rund 100 Mitarbeiter der sechs Forschungsstationen nahmen 2003 bis 2006 an 18 Tagen Weiterbildung teil. Im zweiten Abschnitt (2006) wurden 40 Mitarbeiter in einem Neueinsteiger- und 40 Mitarbeiter in einem Aufbaukurs weitere neun Tage trainiert. Schließlich wurden im dritten Abschnitt (2007–2009) im Zeitraum von drei Jahren nochmals drei Auffrischungsseminare zur nachhaltigen Etablierung durchgeführt. Die kompletten Teams der sechs Projektstationen, schwerpunktmäßig Pflegekräfte (70 %) und Ärzte (20 %), daneben einige Psychologen, Ergotherapeuten und Sozialarbeiter, wurden aus Dienstplangründen während des ersten Abschnitts der Weiterbildung in zwei »Trainingsschichten« von jeweils 50 Mitarbeitern (aufgeteilt in je zwei Trainingsgruppen à 25 Teilnehmer) weitergebildet, die hinsichtlich Berufs-, Stations- und Klinikzugehörigkeit durchmischt waren. Während der gesamten Weiterbildungszeit wechselten sich die Kliniken (Gummersbach, Paderborn, Wunstorf) als Veranstaltungsorte kontinuierlich ab (Abbildung 2).

Die Rotation der Weiterbildung erzeugte ein anregendes und reflexives Klima (Schweitzer et al., 2005). In einer Klinik organisiert man Stationen nach Diagnosen, in einer anderen durchlaufen Patienten verschiedene Stationen im Behandlungsverlauf und in einer weiteren Klinik versorgen Stationen alle Patienten (mit

54 Die SYMPA-Weiterbildung

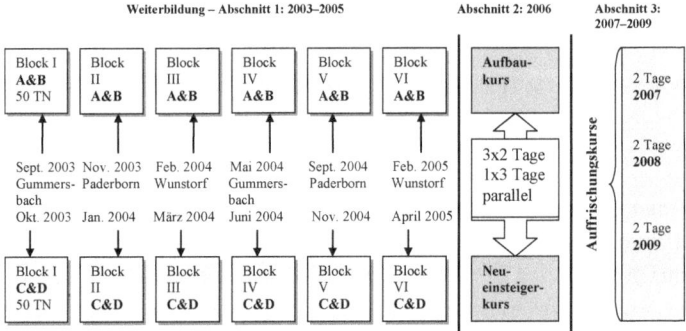

Abbildung 2: Weiterbildung Abschnitt 1: 2003 bis 2005 für die Forschungsstationen, A&B je 25 TN (Hälfte der Gesamtgruppe von 100 TN) und C&D je 25 TN (zweite Hälfte der Gesamtgruppe); Abschnitt 2: 2006 für 40 Absolventen der Blöcke I–VI und 40 interessierte Neueinsteiger; Abschnitt 3: 2007 bis 2009 je ein Auffrischungsseminar pro Jahr für alle Interessierten

allen Diagnosen und in verschiedenen Behandlungsphasen) eines bestimmten geographischen Gebietes. Neugierig wurde erfragt: »Wie macht ihr das mit der offenen oder geschlossenen Stationstür?«, »Wie geht ihr mit den akuten Patienten auf der Station um?«, »Wie organisiert ihr die Versorgung älterer oder dementer Patienten?« So gab es bei jedem Block Gastgeber und Gäste, die sich neugierig austauschten, wie man den Alltag andernorts gestaltet.

5.2 Inhalte der Weiterbildung

Inhaltlich wurden zu 70 % die gleichen Theorien, Techniken, Settings und selbsterfahrungsbezogenen Übungen wie in den gemischten Grundkurs-Weiterbildungsgruppen am Heidelberger Helm Stierlin Institut vermittelt. 30 % der Inhalte waren akutpsychiatrie-spezifisch ausgerichtet. Die hier beschriebene Weiterbildung wurde für das SYMPA-Projekt entwickelt. Das Trainerteam bestand aus Elisabeth Nicolai, Ulrike Borst und Jochen Schweitzer.

Die systemische Weiterbildung orientierte sich, ihrem Selbstverständnis gemäß, soweit wie möglich an den Interessen der

Teilnehmer. In jedem Block waren daher Feedbackmöglichkeiten vorgesehen, die den Teilnehmern erlaubten, auf den Fortgang des Seminars Einfluss zu nehmen. In manchen Phasen – vor allem bei einer so heterogenen Gruppe – bewährten sich schriftliche Rückmeldungen zum Seminartag, nach dem Motto »Was ich noch zu sagen hätte ...« oder »Gedanken zum Tag«, zu anderen Zeiten »tratschten« Kleingruppen kurz über die Erfahrungen des Tages und gaben den Trainern Rückmeldung, über Zufriedenheit oder Kursänderungswünsche.

So verfuhren wir im Prinzip nach dem nun folgenden Curriculum, wichen bei Bedarf aber davon ab, um zu üben oder zu vertiefen oder Themen, die die Stationen aktuell beschäftigten, aufzugreifen.

5.2.1 Der Grundkurs

Wenngleich systemische Therapie ein störungsübergreifendes Verfahren ist (zu dem Konzept der störungsspezifischen Therapie siehe Herpertz, Caspar u. Mundt, 2008), so hat sie doch in psychiatrischen Kontexten erhebliches störungsspezifisches Wissen angesammelt (Schweitzer u. von Schlippe, 2006). Das von uns entwickelte Weiterbildungskonzept bezog das systemische Basiswissen in den ersten vier Blöcken daher auch auf ein »Diagnosespezial« (Tabelle 1). Damit sollte der Transfer in den Behandlungsalltag auch bei speziellen Störungsbildern erleichtert werden.

Bei der Auseinandersetzung mit den zum Teil ungewohnten Denk- und Arbeitsweisen tauchten selbstverständlich skeptische Fragen auf. Prinzipiell leuchtete alles Theoretische ein, aber wie es in der praktischen Umsetzung mit den Demenzerkrankten der einen oder den Psychosepatienten der anderen Station aussehen sollte, war für die meist erfahrenen Praktiker dennoch schwer vorstellbar. Die Diagnosespecials waren also eine Art von Übersetzungsarbeit, das bisherige Fachwissen, zum Beispiel über depressive Erkrankungen, wird um die systemische Perspektive erweitert und in den Übungen und Rollenspielen dazu nutzen wir Beispiele von Patienten mit den entsprechenden Diagnosen.

Tabelle 1: Inhalt der vier Weiterbildungsblöcke des Grundkurses (2003–2005, 18 Tage)

Block	Diagnose-Specials	Inhalte und Themen
Block I 1. Systemische Grundhaltungen 2. Genogramm 3. Narrative Ansätze 4. Intervision 5. Moderation	**Depression**	– systemische Grundhaltungen werden eingeführt: Zirkularität, Neutralität, Neugier und Irreverenz, Wesen und Sinn von Hypothesen, Therapie als Verstörung und Anregung – Einführung des Genogramms, mit und über Patienten andere Geschichten erzählen – Grundlagen der Moderation und Intervisionskonzept einführen
Block II 1. Systemische Gesprächsführung und Aushandlungsprozesse 2. Therapiezielplanung 3. Auftragsklärung	**Persönlichkeitsstörungen**	– systemische Frageformen: Wirklichkeits- und Möglichkeitsfragen, zirkuläres Fragen, Unterschiedsfragen – Verhandeln über Behandlungsmenü, Therapieziele, Zwangsmaßnahmen und Aufenthaltsdauer – Therapiezielplanung und Auftragsklärung
Block III 1. Krankheitskonzepte und ihre Folgen Lösungs- und Ressourcenorientierung 2. Reflecting Team 3. Verhandeln über Medikamente	**Psychosen**	– unterschiedliche Krankheitskonzepte nebeneinanderstellen und deren Bedeutung für den Krankheitsverlauf vergleichen – Verhandeln über Diagnosen und Medikamente – Reflecting Team (RT) und Patienten als RT

Inhalte der Weiterbildung

Block IV 1. Anfangs- und Schlussgespräche 2. Chronifizierungsmöglichkeiten 3. Positive Formulierungen in der Krankenakte 4. Arztbriefe (mit)schreiben	**Demenz** – Anfangsgespräche als Einladung für Familien: Vom Besucher zum Kunden? – Schlussgespräche: Umgang mit Patienten, die unbedingt gehen wollen oder die aus Sicht der Behandler vorzeitig oder gar nicht gehen wollen (»Chronifizierungsberatung und Rückfallprophylaxe«) – Sprechen über verschiedene Zukunftsoptionen, Möglichkeiten zur Chronifizierung – positiv formulierte Einträge in Krankenakten, Arztbriefe schreiben und mitschreiben
Block V 1. Einführung des Praxishandbuchs 2. Kooperation mit Nachbehandlern 3. Entlassungsgespräche 4. Entlassbriefe schreiben, leicht gemacht 5. Gemeinsames Fallverständnis formulieren	– Analyse der Kooperationssituation um Entlassung und Wiederaufnahmen – Übersicht gewinnen: Wer gehört zum Nachbehandlungsnetzwerk dazu? – bisherige Kontaktpraktiken durchdenken (Wie viel Absprache läuft über Telefonate, Entlassbriefe oder indirekt über den Patienten? Wie zufrieden sind die Kliniker damit?) – Timing der Entlassvorbereitungen, Gespräche mit Patienten, Angehörigen und Nachbehandlern – Entlassvorbereitung mit Problemkandidaten: frühzeitiges systemisches Sprechen über vorzeitige Entlassungswünsche, »Chronifizierungsberatung« für die Patienten, die nicht gehen wollen, und Rückfallprophylaxe für diejenigen, die mutmaßlich sehr schnell wieder da sein werden
Block VI 1. Station als soziales System: Ihre Kultur, ihre Atmosphäre, ihre »heilsamen Aspekte« 2. Ritualgestaltung im psychiatrischen Alltag 3. Externe Stationsberatung 4. Selbstfürsorge der Mitarbeiter 5. Fragen der Personalqualifizierung	– Wirkungen der Stationskulturen inklusive Raumgestaltung und Alltagsorganisation auf Patienten, Angehörige, Mitarbeiter – stationäre Behandlung als Gestaltung eines heilsamen Übergangsrituals – Einladung von Überweisern, deren Feedback zur Kooperation erfragt wird – neue und alte Strategien, wie Mitarbeiter für ihr Wohlbefinden sorgen können, diskutieren

Der Fokus der Specials lag auf den Beziehungs- und Kommunikationsmustern, die man bei den jeweiligen Diagnosen häufig findet, und den systemischen »Entstörungsmöglichkeiten« (Schweitzer u. Schlippe, 2006).

5.2.2 Der Aufbaukurs

Am Ende dieser 18-tägigen Weiterbildung wurde eine Anschlussweiterbildung über vier Blöcke von zusammen neun Tagen Dauer in zwei parallelen Großgruppen von je 40 Teilnehmern gestartet. In diesem Aufbaukurs erprobten die Absolventen der ersten Weiterbildung auf ihren Stationen nunmehr selbst vermehrt systemische Familiengespräche und Fallkonferenzen zu moderieren sowie neue Mitarbeiter einzuarbeiten. Ein Kurs für Neueinsteiger führte interessierte Mitarbeiter von Nachbarstationen ins SYMPA-Konzept ein.

In jedem Block wurden nun die Live-Interviews im Plenum (von den Trainern geführt) ergänzt durch vier Live-Interviews in Kleingruppen, die die Co-Leiter führten, stets mit einem Reflecting Team aus Teilnehmern. Zudem wurden aktuelle Behandlungsfragen in gut vorbereiteten Fallsupervisionen in Kleingruppen mit je vier bis fünf Teilnehmern bearbeitet, wobei nun auch Videoaufnahmen von Gesprächen auf den Stationen angeschaut und diskutiert wurden.

Es wurden »Lerntandems« verabredet, die sich zwischen den Weiterbildungen über aktuelle Fragen ihrer SYMPA-Arbeit austauschten. »Lerngruppen« in den Kliniken lasen und diskutierten als gemeinsame Literatur zwischen den Kursblöcken je ein oder zwei Aufsätze (»Der Arztbrief«, Wambach et al., 2001; »Wie behandle ich meinen Arzt«, Osterfeld, Diekmann u. Greve, 2005; über systemisch orientierte Bezugspflege »Stellen Sie sich vor, heute Nacht passiert ein Wunder«, Meraki, 2004) und brachten ihre, zuvor schon per E-Mail im Teilnehmerkreis zirkulierenden, schriftlich festgehaltenen Diskussionsergebnisse mit in den nächsten Weiterbildungsblock.

Der Aufbaukurs befasste sich also schwerpunktmäßig mit der Praxis von Familiengesprächen, der Praxis systemischer Intervi-

Tabelle 2: Inhalte des Aufbaukurs
(Dezember 2005 bis September 2006, neun Tage)

Block	Inhalte und Themen
Block I 1. Verfeinerung: Systemische Grundhaltungen, Genogramm, narrative Ansätze 2. Wie moderiere ich eine Intervision auf Station? 3. Verfeinerung: Familiengespräche und Rundtisch/Helfergespräche 4. Angehörige im Stationsalltag 5. Zusammenarbeit der Berufsgruppen auf Station	Zu 1.: Zirkularität, Neutralität, Neugier und Irreverenz; Wesen und Sinn von Hypothesen; Therapie als Verstörung und Anregung; Einführung des Genogramms; mit und über Patienten andere Geschichten erzählen Zu 2.: Moderatorenrolle bei Intervisionen, praktisches Vorgehen, Üben unter Beobachtung Zu 3.: Familien- und Helfergespräche: Einladung, Gesprächsführung, Konflikte moderieren, Schlusskommentar und -vereinbarung Zu 4.: Umgang mit dem Informationsbedarf und mit »Störungen« durch Angehörige, Angehörige noch mehr für die Station nutzen? Zu 5.: Berufsgruppen: sinnvolle und unnötige Rollenabgrenzungen, was traut sich die Pflege zu? Gemeinsame oder getrennte Dokumentationen?
Block II 1. Verfeinerung: Systemische Gesprächsführung und Aushandlungsprozesse 2. Verfeinerung: Auftragsklärung, Therapiezielplanung 3. Verfeinerung: Verhandeln bei Zwangsmaßnahmen 4. Kooperation mit ambulanten Diensten	Zu 1.: systemische Frageformen: Wirklichkeits- und Möglichkeitsfragen, zirkuläres Fragen, Unterschiedsfragen Zu 2.: Kundenorientierung, Therapiezielplanung, Verhandeln über Behandlungsmenü und Aufenthaltsdauer Zu 3.: Verhandeln bei Zwangsmaßnahmen: Deeskalationsstrategien (Gastdozent: Deeskalationstrainer aus dem Paderborner Pflegeteam) Zu 4.: systemisches Fallmanagement, die bisherigen »Patientenströme« und Kooperationsmuster zwischen Klinik und ambulanten Behandlern reflektieren und eventuell etwas umgestalten, wenn möglich ambulante Kollegen zu diesem Block als Gäste einladen

Block III	
1. Verfeinerung: Krankheitskonzepte und ihre Folgen, Lösungs- und Ressourcenorientierung, Verhandeln über Diagnosen 2. Verfeinerung: Reflecting Team 3. Verfeinerung: Verhandeln über Medikamente 4. Systemische Gruppentherapie 5. »Unser systemischer Stationsalltag:« Die Gestaltung der Station als soziales System	Zu 1.: unterschiedliche Krankheitskonzepte (genetisch, Stress, Beziehung, »böse«) nebeneinanderstellen und deren Bedeutung für den Krankheitsverlauf vergleichen, Verhandeln über Selbstdiagnose des Patienten, über Fremddiagnose der Ärzte, über die Kommunikation über die Diagnose (»Wem was mitteilen?«) Zu 2.: Reflecting Team (RT): gute Hypothesen, gute Formulierungen, gute Teamkonversation; Patienten als RT bei Fallkonferenzen: Wen, wann, wie? Zu 3.: Verhandeln über die biologischen, psychischen und sozialen Folgen der Medikamenten(nicht)einnahme mit Blick auf Präparat, Dosis, Dauer der Medikation
Block IV	
1. Verfeinerung: Anfangs- und Schlussgespräche 2. Verfeinerung: (Ent-)Chronifizierungsmöglichkeiten 3. Verfeinerung: Positive Formulierungen in der Krankenakte 4. Verfeinerung: Arztbriefe (mit) schreiben	Zu 1.: Anfangsgespräche als Einladung für Familien: Vom Besucher zum Kunden?; Schlussgespräche: Umgang mit Patienten, die unbedingt gehen wollen, die nicht gehen wollen und anderen; Sprechen über verschiedenen Zukunftsoptionen Zu 2.: chronifizierte Patienten: biografische Interviews, die Diagnose als Schutz und als Einkommensgrundlage, kleine Optionen zum »Leben mit weniger Psychiatrie« entdecken Zu 3.: positiv formulierte Einträge in Krankenakten, »Ressourcendokumentation« Zu 4.: Arztbriefe schreiben (Wann? An wen? Wem mitgeben?), dem Patienten zu lesen geben (Wann? Mit welcher Einladung?), gegebenenfalls mit ihm diskutieren und umschreiben?

sion, der Auftragsklärung und im Zusammenhang damit der Entwicklung eines Fallverständnisses und der Formulierung der Therapiezielplanung sowie der Praxis des Verhandelns über Auswahl und Dosierung der Medikamente (Tabelle 2), so wie wir diese für

das Projekt gemeinsam mit den Erfahrungen von Ulrike Borst entwickelt hatten (Borst, 2003; Borst u. Werther, 1999).
In jedem Block des Aufbaukurses kam zudem vor:
1. ein Live-Interview im Plenum durch die Trainer und vier Live-Interviews in Kleingruppen (Co-Leiter), jeweils mit Reflecting Team;
2. eine Runde Video-Supervision (fünf Videos in fünf Kleingruppen);
3. die Weiterentwicklung des SYMPA-Handbuches: Wie bewähren sich die Ideen in der Praxis? Welche Modifikationen sind nötig?;
4. Verteilen der Literatur für den nächsten Block (1–2 Aufsätze);
5. Berichte der »Lerngruppen« von ihren zwischenzeitlichen Erfahrungen.

Die systemischen Tools wurden vom ersten Block an in Live-Situationen und Rollenspielen geübt. Kreative, erlebnisorientierte Methoden, die Arbeit mit der Zeitlinie (Schindler, 1995), dem Familienbrett (Ludewig, 2000) oder der Familienskulptur (Duhl, Kantor u. Duhl, 1973; Schweitzer u. Weber, 1982; Schlippe u. Schweitzer, 2007, S. 164 ff.) gehörten genauso dazu wie das einfache Gesprächsrollenspiel mit einer Übungsinstruktion.

16 Mitarbeiter supervidierten als Co-Leiter unter unserer Anleitung in den parallel stattfindenden Kurs die Neueinsteiger. Sie führten selbst Live-Gespräche und leiteten Arbeitsgruppen an.

Als positiver Effekt zeigte sich, dass die Pflegekräfte sich insgesamt sehr in ihren Kompetenzen aufgewertet fühlen und die »Neuen« im Einsteigerkurs sich ermutigt fühlten, therapeutische Gespräche zu führen. Die Tatsache, dass Pflegekräfte solche Gespräche führen durften und sollten, dass sie interne Einarbeitung und Intervision erhielten, veränderte die Zusammenarbeit zwischen den Hierarchieebenen und den Berufsgruppen spürbar, wie sich später auch in den Forschungsergebnissen zeigte.

5.2.3 »SYMPA nachhaltig«: Der Auffrischungskurs

Drei weitere Kurseinheiten »SYMPA nachhaltig« (2007–2009, sechs Tage) hatten das Ziel, SYMPA auf den Stationen möglichst dauerhaft zu etablieren und mit theoretischen, aber vor allem praktischen »Auffrischungen« den Weitergebildeten Übungs- und Trainingsmöglichkeiten anzubieten. Daher standen hier Supervisionen, Intervisionen und klinikspezifische Weiterentwicklungen im Vordergrund.

Am Beispiel der zweitägigen Auftaktweiterbildung zur Auffrischung (6. und 7. Dezember 2007 in Wunstorf) in Tabelle 3 sieht man die Ausrichtung auf die Praxis und die starke Orientierung am stationären Alltag. Ein positiver Effekt der Seminare kam dadurch zustande, dass wir die Teilnehmer immer wieder ermutigten, ungeachtet ihrer Berufsgruppenzugehörigkeit in Rollenspielen die Patienten- oder Therapeutenrolle zu übernehmen. Zunächst etwas skeptisch, schätzten die Mitarbeiter der Pflege das (fast reale) Übungsfeld für Familiengespräche und andere ungewohnte Settings. Die therapeutischen und ärztlichen Mitarbeiter erlebten die Gesprächsführungskompetenz der Pflege live, außerdem traten die alltäglichen Klinikhierarchien während der Weiterbildungstage in den Hintergrund.

Tabelle 3: Inhalt eines zweitägigen »SYMPA-nachhaltig«-Weiterbildungsblocks

Donnerstag, 6. Dezember 2007, 9:00 bis 18:00 Uhr
9:00–10:00 Uhr **Gemeinsames Ankommen** 1. Wiedersehen: Positionsskulptur – In welchen Gruppen war man in den bisherigen Weiterbildungen zusammen? Zwischenzeitliche Erfahrungen (eventuell als »Zeitlinie«), Wünsche an die neue Weiterbildung 2. Vorstellung Forschung Januar–März 2008 3. Programm der gesamten Auffrischungsweiterbildung und der jetzigen zwei Tage
Teilnehmer werden in zwei Gruppen aufgeteilt

Inhalte der Weiterbildung 63

Kurs mit Liz Nicolai	Kurs mit Jochen Schweitzer
10:30–11:45 Uhr **Auffrischungsinput:** **Gesprächsführung**	10:30–11:45 Uhr **Auffrischungsinput:** **Gesprächsführung**
12:00–13:00 Uhr **Hypothesenbildung** üben (anhand von Wunstorfer Fallverläufen)	12:00–13:00 Uhr **Hypothesenbildung** üben (anhand von Paderborner Fallverläufen)
14:00–16:00 Uhr **Live-Gespräch Liz Nicolai** 14:00–15:15 Uhr: Interview 15:15–16:00 Uhr: Videofeedback	14:00–16:00 Uhr **Live-Gespräch Jochen Schweitzer** 14:00–15:15 Uhr: Interview 15:15–16:00 Uhr: Videofeedback
16:30–18:00 Uhr **Kreative Methoden für den Stationsalltag**: Skulptur, Familienbrett, Zeitlinie	16:30–18:00 Uhr **Kreative Methoden für den Stationsalltag**: Skulptur, Familienbrett, Zeitlinie

Freitag, 7. Dezember, 9:00 bis 16:30 Uhr

Kurs mit Liz Nicolai	Kurs mit Jochen Schweitzer
9:00–10:30 Uhr **Auftragsklärung:** Aufträge erfragen, Aufträge aushandeln, Grenzen der Kundenorientierung, Zwischenbilanzen	9:00–10:30 Uhr **Auftragsklärung:** Aufträge erfragen, Aufträge aushandeln, Grenzen der Kundenorientierung, Zwischenbilanzen

11:00–13:00 Uhr
Dr. med. Volkmar Aderhold, Gastreferent: Der bedürfnisorientierte Ansatz der Psychosentherapie

14:00–15:00 Uhr **Intervision in Abwesenheit des Patienten** (Paderborner Station)	14:00–15:00 Uhr **Intervision in Abwesenheit des Patienten** (Gummersbacher Station)
15:15–16:15 Uhr **Intervision in Anwesenheit des Patienten**, eventuell auch Angehöriger oder gesetzlicher Betreuer anwesend	15:15–16:15 Uhr **Intervision in Anwesenheit des Patienten**, eventuell auch Angehöriger oder gesetzlicher Betreuer anwesend

16:15–17:00 Uhr
Abschluss und Feedback

Für das Ausprobieren mancher ungewohnter Handwerkszeuge entwickelten wir – absichtlich teilweise recht skurrile – Übungen, von denen wir einige ausgewählte in Kapitel 5.3.3 »Übungen aus der SYMPA-Weiterbildungspraxis« beschreiben.

5.3 Methodentools der Weiterbildung

Methodisch wurde in den Weiterbildungen, wie in der Tabelle 3 zu sehen, mit einer Mischung aus kurzen Plenarvorträgen und -demonstrationen sowie mit Übungen in Kleingruppen gearbeitet.

Im Verlauf der Weiterbildung kamen neue Methoden dazu, die den fortschreitenden Kompetenzen angemessen waren. Schon während der ersten sechs Weiterbildungsblöcke führten wir die sogenannten »Freitagsaufgaben« ein. Freitags, am Ende des Kursblockes, wurden den Stationsteams bestimmte Aufgaben zur Beobachtung (»Wie laden wir Angehörige auf unsere Station ein?«), zur erstmaligen Umsetzung (»Aufnahmegespräche führen Tandems aus Pflegekräften und Ärzten«) oder zum mindestens einmaligen Ausprobieren (»Genogramminterview«) mitgegeben. Zum Methodenkanon der Weiterbildung gehörten zudem einige speziell entwickelte Übungen, die zur Reflexion über vertraute Stationspraktiken einladen.

Eine Reflexion im eigenen Team befasste sich immer zuerst mit der Frage: »Wie machen wir es aktuell?«, dann in einem zweiten Teil »Sind wir mit dieser aktuellen Praxis zufrieden, oder könnte eine Veränderung ein Gewinn sein?«, wenn ja »Wie könnte diese Veränderung aussehen?« Natürlich stellte sich neben dem internen Austausch auch die Außenperspektive auf den Austausch der anderen Teams als fruchtbar heraus. So wurde daraus, meist am letzten Halbtag der Weiterbildung, ein lebhafter und beliebter Ritus, sich über die Kooperationspraxis, interne Prozeduren, Besprechungskultur oder die Verortung von Familiengesprächen im Wochenplan auszutauschen.

In ihren Teams wurden die Teilnehmer eingeladen, über Organisationsthemen des eigenen Stationsalltags zu reflektieren: Über die Art der Übergabebesprechungen von einer früheren zu einer späteren Schicht, über Strukturen und Zeiten solcher Besprechungen und über die Zufriedenheit der Anwesenden mit diesen Besprechungen. Ein anderes Reflexionssetting boten wir in Anlehnung an die schon früher erprobten Reflexionslistenbesuche durch einen externen Besucher an (Schweitzer, Nicolai u. Hirschenberger, 2005):

In sechs stationsbezogenen Gruppen wurde jede Station von zwei »Fremden« (»externen Stationsberatern«) interviewt über:
– die räumliche/ästhetische Gestaltung der Station,
– die »wichtigen Veranstaltungen«,
– die Aufnahmesituation,
– die Entlassungssituation,
– den Umgang mit Krisen,
– die Frage, wie man es sich als Mitarbeiterteam auf der Station möglichst gut gehen lassen kann.

Leitfragen dabei waren:
– Was erleben Sie als »heilsam«?
– Was ist wenig heilsam an diesen Praktiken?
– Was würden Sie gern daran ändern?
– Was steht dem im Wege?

Sind das überwindbare oder nichtüberwindbare Hindernisse? Selbstorganisiertes Lernen zwischen den Weiterbildungsblöcken in den Kliniken geschah im zweiten Abschnitt im Aufbaukurs in »Lese- und Intervisionsgruppen«, die sich einmal monatlich trafen, um im Rahmen der Weiterbildung verteilte Artikel zu diskutieren, sowie im »dyadischen Coaching« zwischen je zwei Kollegen.

In der Anschlussweiterbildung wurden 16 fortgeschrittene Stationsmitarbeiter (Pflegekräfte und ärztlich-therapeutische Mitarbeiter) in die Rolle der Co-Trainer eingearbeitet.

5.3.1 Wie war das nochmal mit der Moderation?

Die Gesprächsführungstools unserer Weiterbildung setzten häufig Kompetenzen voraus, die nicht alle selbstverständlich zuvor erworben hatten. Für die Pflege – so stellte sich heraus – war (und ist in vielen Kliniken) das Moderieren eines Gruppengespräches, sei es ein Familiengespräch, eine Helferkonferenz oder die Intervision des eigenen multiprofessionellen Teams, ungewohnt und zudem unklar, ob es in der Hierarchie überhaupt angemessen ist, es zu tun, wenn man es kann.

Nicht die Inhalte der Intervision, sondern die Fragen, ob man den Oberarzt der Station unterbrechen darf, wie man eine Sitzung strukturiert, wie man zu einem Ergebnis kommt, entschieden darüber, wie selbstverständlich die Teilnehmer es sich zutrauten, die einzelnen Punkte unseres Handbuches umzusetzen.

Die Grundsätze der Moderation wurden also für alle Teilnehmer erarbeitet. Nach Schulz von Thun (1981, 1989, 1996), Klebert, Schrader und Straub (1987) und Fisher und Ury (1984) vermittelten wir Grundtechniken der Moderationsvisualisierung, des Steuerns und des aktiven Zuhörens. Dies sind Haltungen, die helfen, auch im Falle von Dissens die Teilnehmenden und deren Beiträge wertzuschätzen sowie Konflikte zu lösen und nicht zuletzt selbst als Moderator natürlich und offen zu bleiben. In Rollenspielen wurde wiederum erprobt und vor Ort offiziell vereinbart, dass die Rolle des Moderators rotieren soll (alle Berufsgruppen kommen gleichermaßen an die Reihe) und der Moderator die Aufgabe hat, die Sitzung zu strukturieren (gleich welcher Hierarchieebene er angehört).

5.3.2 Das Live-Interview als zentrales Element der Weiterbildung

In der gesamten Weiterbildung nutzten wir Live-Interviews als ein wesentliches Element. In jedem dreitägigen Block führten die Trainer zwei Live-Interviews mit Patienten von einer der Projektstationen am Nachmittag des ersten und am Vormittag des dritten Tags durch. In den zweitägigen Blöcken reduzierte sich diese Möglichkeit in der Regel auf ein Live-Interview. Zur Unterstützung und als En-passant-Übungsmöglichkeit gab es zu jedem dieser Gespräche ein Reflecting Team aus Stationsmitarbeitern, natürlich mit der gesamten Gruppe von circa 50 Teilnehmern als Beobachter.

Methodentools der Weiterbildung 67

In den Grundweiterbildungsblöcken wurde versucht, Patienten für die Gespräche zu gewinnen, die zu dem Diagnosespezial »passten«. Nach anfänglicher Skepsis der Stationen, ob man dafür »geeignete« und einwilligende Patienten gewinnen könnte und ob zudem noch deren wichtige Bezugspersonen hinzukämen, gelang dies zu aller Überraschung bei jedem Block.

Die Teilnehmer hatten auf diese Weise Gelegenheit, die Methoden in der Realität ihrer eigenen Klientel umgesetzt zu sehen. Gab es doch zu Anfang auch viele Diskussionen darüber, ob und wie man zum Beispiel mit psychotischen oder depressiven Patienten sprechen könne, ob sich die so »leichtfüßig und humorvoll« daherkommenden systemischen Methoden denn auch im Gespräch mit Psychosekranken bewähren würden. Zudem hatte die Demonstration einen gewissen Desensibilisierungseffekt: Gesprächsführung im öffentlichen Raum ermutigte dazu, sich diese auch selbst zuzutrauen.

Den Ablauf eines solchen Live-Interviews schildern wir im Folgenden an einem Beispiel aus dem Jahr 2005. Den Patienten nennen wir Herrn Ü.

Fallbeispiel: Ablauf eines Live-Interviews
Das Gespräch findet zwischen einem der Trainer, dem Patienten Herrn Ü. und seiner Frau, seiner Ärztin und seinem gesetzlichen Betreuer statt. Ein Reflecting Team besteht aus vier Kursteilnehmern. In einem *Vorgespräch* von etwa 20 Minuten auf der Station bespricht der Therapeut mit dem Ehepaar Ü. dessen Genogramm. In Herrn Ü.'s Familienumfeld sind einige Personen an Herzinfarkten oder Krebs erkrankt. Herr Ü. entwickelte in der Folge starke, fast wahnhafte Ängste, selbst zu erkranken.

Die beobachtende Gruppe sammelt vor dem Live-Interview Hypothesen zur Entstehung und Aufrechterhaltung von Herrn Ü.'s psychischer Symptomatik und entwickelt ein gemeinsames hypothesengeleitetes Fallverständnis.

Im *Live-Interview* werden die Wirklichkeitskonstruktionen der beiden Partner erfragt: Der Therapeut fragt zuerst Herrn Ü., dann Frau Ü. nach ihrer jeweiligen Sicht auf die Erkrankung und ihrem Umgang mit dieser. Welche dominanten Erzählungen gibt es? Wie ist die Familiengeschichte und wie geht man in beiden Ursprungsfamilien mit Krankheiten um? Hierzu wird auch das schon vorliegende Genogramm genutzt.

In einer *ersten Runde* wird das *Reflecting Team* gebeten, Gedanken und Assoziationen auszutauschen, während Trainer und Ehepaar Ü. zuhören. Das Reflecting Team (RT) fragt sich was anders wäre, wenn Herr Ü. gesund wäre. Es wird die Hypothese formuliert, dass die Krankheit mit einer unerledigten »Herzensangelegenheit« oder mit Stress am Arbeitsplatz zusammenhängen könnte.

Herrn Ü.'s *Reaktionen auf das Reflecting Team*: Er verwirft die Stresshypothese, sein Beruf als LKW-Fahrer mache ihm Spaß, er vermisse ihn und möchte keine lange Arbeitspause. Angeregt durch das RT stellt der Therapeut danach die Wunderfrage: »Was würde geschehen, wenn Herrn Ü.'s Meinung darüber, dass er gesund ist, sich verfestigen würde?«, »Welches Thema würde in den Vordergrund rücken, wenn das Krankheitsthema nicht mehr da wäre?« Das Ehepaar ist sich einig: Eigentlich nichts.

In der *zweiten Runde des Reflecting Team* wird die Idee erörtert, dass diese Angst vor Herzerkrankungen und Krebs auf eine Depression hinweise, vielleicht wie eine Midlife-Crisis? Könnte Herr Ü. diese Diagnose annehmen, da es nicht so hypochondrisch klingt? Was würde passieren, wenn die Kinder Herrn Ü. nicht mehr unterstützen würden? Herr Ü. bestätigt, dass ihm sein Alter von 50 Jahren auch zu schaffen machen könnte.

In seinem *Schlusskommentar* empfiehlt der Therapeut, schnell alle ärztlichen Untersuchungen zu machen, um Befunde auszuschließen. Er greift in einer Art Selbstgespräch die Idee des RT auf, ob es sich nicht doch um eine Herzensangelegenheit/Depression handeln könne, lässt diese Idee im Raum stehen. Er empfiehlt, einmal in der Woche soll die Familie zur Abwechslung anders als so liebevoll wie gewohnt auf die Ängste reagieren (z. B. kalte Schulter zeigen), um auszuprobieren, ob Herr Ü. darauf anders reagiert.

5.3.3 Übungen aus der SYMPA-Weiterbildungspraxis

Verhandeln über Diagnosen oder »Welche Wirkung haben Diagnosen?« Wir gehen davon aus, dass Diagnosen klinische Wirklichkeiten nicht nur mehr oder minder korrekt *abbilden,* sondern darüber hinaus klinische Wirklichkeiten auch in mehr oder weniger nützlicher Weise *miterzeugen.* Welche Optionen sich einem Menschen in seiner sozialen und beruflichen Zukunft öffnen und welche sich ihm verschließen, hängt eng mit der sozialen Wirkung der Diagnosen zusammen.

Methodentools der Weiterbildung 69

Übung: Diagnosen verschließen oder öffnen Optionen im Leben
Alle Teilnehmer der Weiterbildung stellen sich in einer Reihe nebeneinander auf. Jede/r erhält eine Diagnose und ein paar Eckdaten einer Person, also zum Beispiel »37-jährige ersterkrankte Chefsekretärin, Diagnose Psychose«, »54-jähriger berenteter Russlanddeutscher mit chronischer Schizophrenie« oder »27-jährige Borderline-Patientin, ohne Arbeit« usw.

Nacheinander werden Fragen zu Optionen in drei zentralen Lebensbereichen – Familie, Beruf, Gesellschaft – gestellt, die mit Ja oder Nein beantwortet werden können. Beispiele wären:
- »Werden Sie in der Familie bei wichtigen Entscheidungen um Ihren Rat oder Zustimmung gefragt?«
- »Haben Sie in Ihrem Beruf Karrierechancen?«
- »Würde Sie der örtliche Tennisclub als Mitglied aufnehmen?«

Beantwortet man eine Frage mit »Ja«, darf man einen Schritt nach vorne rücken, wer die Frage mit »Nein« beantwortet, bleibt am Platz stehen. Das Feld zieht sich schnell auseinander und es wird unübersehbar, dass Diagnosen Folgen für den Lebenslauf des Patienten mit sich bringen und über die lebenspraktischen Implikationen der Diagnose deshalb sorgfältig verhandelt werden muss.

Therapieziel- und Behandlungsplanung: Wenn die Behandelnden, aus Erfahrung und fachlicher Kompetenz heraus, Patienten Vorschläge für die Therapie- und Behandlungsplanung machen, so treffen diese oft den Bedarf der Betroffenen, können aber auch dem Patientengeschmack ganz zuwider laufen. Entsprechende Äußerungen werden vom Fachpersonal häufig als »Widerstand« gedeutet, dem man besser nicht nachgibt. Respekt vor der Autopoiese und gegen eine »therapeutische Zwangsbeglückung« verdeutlichten wir in einer Übung:

**Übung: »Ich weiß, was gut für dich ist!« –
Oder doch ein Plädoyer für Wahlmöglichkeiten und Aushandlung**
Zwei Personen befinden sich in einem Beratungssetting. Eine der beiden – die Beraterin – hat die Aufgabe, sich einige Minuten schweigend ein Bild davon zu machen, welche Freizeitbeschäftigungen der anderen Person gut tun könnten – unabhängig davon, ob sie diese gern machen möchte oder nicht. Danach gibt es eine etwa zehnminütige Beratung, in der die Beraterin ihr Gegenüber von ihren »Empfehlungen« überzeugt. Eventuelle Ablehnung der Empfänger wird mit freundlicher, aber zielgerichteter Gegenargumentation zurückgewiesen.

Zwei Mitarbeiterinnen sitzen sich in dieser Übung gegenüber. Die eine treibt gern und viel Sport, reitet, schwimmt, segelt und spielt Tennis, während die andere eher die häuslichen Beschäftigungen wie Handarbeiten, Lesen, Kochen bevorzugt. Für die (sportliche) Beraterin ist der Fall schnell klar, ihr Gegenüber muss sportlich aktiver werden, zumindest Rad fahren und Walken will sie ihr empfehlen.

Die Entrüstung der Beratenen über so viel ungebetenen guten Rat überzeugt davon, dass auch Patienten unbedingt mitsprechen müssen, wenn es um eine Planung der Therapie geht – die ihnen gut tun soll.

Der Umgang mit Aufnahmen und Entlassungen bei schnellem Patientendurchlauf und kurzen Verweildauern: Moderne Akutkliniken haben einen hohen »Durchlauf« – viele Patienten kommen für im Vergleich zu früher kürzere Zeiten und gehen schon bald wieder. Viele von ihnen kommen aber in kritischen Situationen später wieder, einige davon sehr häufig (»Drehtürpsychiatrie« und in schnellem Tempo – »rapid cycler«). Stationäre Psychiatrie stellt insofern nur eine Station innerhalb komplexer »Patientenwanderungen durch das gesamte psychiatrische Versorgungsnetz« dar.

Übung: Wanderungen durch das Versorgungsnetz
Mit folgender Übung kann sich die Klinik darüber klar werden
- von woher und auf welche Weise die Patienten in die Klinik kommen;
- wohin und auf welche Weise sie danach wieder hinausgehen;
- worin der bestmögliche Beitrag der Klinik in dieser längerfristigen Behandlungsperspektive liegen kann;
- wie die Schnittstellen (Aufnahme und Entlassung) möglichst patienten-, angehörigen- und vor-/nachbehandlerfreundlich gestaltet werden können.

Die Übung kombiniert methodisch Elemente der Skulptur, der Zeitlinie und des Sprechchores. Aus der Weiterbildungsgruppe werden zunächst mehrere Teilnehmer gebeten, in die Rolle der wichtigen Parteien im Versorgungsnetz zu schlüpfen. Dazu gehören der Patient selbst, die für ihn aktuell wichtigen Angehörigen und ambulanten Betreuer/Behandler, schließlich ein für Aufnahme und Entlassung zuständiger Klinikmitarbeiter, meist der Stationsarzt. Nun stellen sich diese Stellvertreter im Raum in einer Abfolge auf, die das zeitlich aufeinanderfolgende »Kümmern« dieser Parteien um den Patienten darstellt. Danach wandert der »Patient« von Etappe zu Etappe an diesen vorbei. Jede Partei bekommt einen charakteristischen Aufforderungssatz in den Mund gelegt, den sie an den Patienten richtet. Das können Sätze sein wie »Gib uns eine Verschnaufpause und geh in die Klinik« (Mutter); »Vielleicht können Sie es auch ambulant schaffen« (Sozialpsychiatrischer Dienst«); »Sie sollten so lange bleiben, bis wir Sie medikamentös gut eingestellt haben« (Stationsarzt); »Schluck nicht so viel Psychopharmaka!« (Schwester); »Wir rechnen damit, dass Sie in drei Wochen zurück sind (»Arbeitgeber«). Damit werden zunächst Übereinstimmungen und Widersprüche zwischen den Parteien bezüglich der Gestaltung des stationären Aufenthalts deutlich. Danach wird die Übung so fortgeführt, dass überlegt wird, ob und gegebenenfalls nach wie langer Zeit der Patient in die Klinik zurückkehren wird. Nun wird eine zweite Episode »durchgespielt«. Bei häufigen Wiederaufnahmen kann man bei mehrfacher, kurzer Wiederholung solcher Episoden deutliche »Wanderungsmuster« erkennen, also wiederkehrende Weisen, wie der Patient die Klinik im Kontext von Familie und ambulanten Betreuern nutzt und wie dabei die Klinik mit Angehörigen und ambulanten Betreuern zusammenarbeitet. Danach wird in der Weiterbildung diskutiert, ob das bei anderen Patienten ähnlich läuft. Aus der Bewertung dieser Abläufe können dann Schlussfolgerungen für die Gestaltung und Vorbereitung künftiger Aufnahmen und Entlassungen gezogen werden.

Das Lesenlassen der Entlassbriefe: Das Lesenlassen des Entlassbriefes scheint aus verschiedenen Gründen keine attraktive Innovation zu sein. Zum einen werden aus zeitlichen Überlastungsgründen die Briefe oftmals erst Wochen nach der Entlassung geschrieben. Zum anderen gibt es – sozusagen als Ventil in einem anstrengenden Arbeitsfeld – auch ein Bedürfnis danach, die eigene Wahrnehmung unzensiert formulieren zu können. Da diese Kommunikationen über Patienten in Entlassbriefen diese lebenslang begleiten können und oftmals deren Weg maßgeblich bestimmen, haben wir eine kurze Schreibprozedur und die Wirkung der Inhalte in folgender Übung zusammengefasst.

Übung: Entlassbrief schreiben leicht gemacht
Teil I: Drei bis fünf Mitarbeiter einer Station überlegen sich in 15 Minuten stichwortartig, welche Punkte ihnen bei der Entlassung eines bestimmten Patienten für den Entlassbericht wichtig erscheinen.
Teil II: Die Gruppen geben jeweils ihren »Stichwort-Kurzbrief« an die nächste Gruppe weiter, so dass nun jede Gruppe die Informationen über einen ihr fremden Patienten liest. In dieser Gruppe wird nun die Wirkung des Gelesenen besprochen: Welche Implikationen hat das, was berichtet wird, welche positiven oder negativen Erwartungen erzeugt es? Diese werden dem Brief hinzugefügt.

72 Die SYMPA-Weiterbildung

Teil III: Der Brief geht an die Ursprungsgruppe zurück und dort werden nun die vermuteten langfristigen Wirkungen der Darstellung diskutiert.

Teil VI: Das Team diskutiert, welche Beschreibungen man über sich selbst dulden würde, welche man auf keinen Fall in einem Bericht lesen wollte.

Fazit: Einen solchen Entwurf von Entlassbriefstichworten könnte man durchaus mit Patienten besprechen, Ergänzungen notieren und die ausführliche Version später schreiben. Dies könnte im Sinne einer therapeutischen Intervention wirksam sein. Dennoch bleibt es offen, ob man diese letzte Bastion fachlicher (unzensierter) Offenheit aufgeben will.

Ungewolltes Mitwirken an der Chronifizierung von Patientenkarrieren: Wie tragen wir selbst zu Chronifizierungsprozessen bei? Die Chronifizierung einer psychischen Erkrankung hängt oftmals wie ein Damoklesschwert nicht nur über den Patienten, sondern auch über den Angehörigen und Behandlern. Auch gut gemeinte Interventionen können zur Chronifizierung beitragen (Schlippe u. Schweitzer, 1996, S. 110 ff.). Daher haben wir zur Selbstreflexion des Beitrags der Fachleute zur Chronifizierung eine skurrile »Professionalisierung« dieser Fähigkeit durch die »Gründung« und das »Arbeiten« in einem ebenso skurrilen »Büro für Chronifizierungsberatung« angeregt.

Übung: Chronifizierungsbüro

In Kleingruppen entwerfen die Teilnehmer ein maßgeschneidertes Konzept, wie sie einen bestimmten Patienten in seiner Chronifizierung unterstützend beraten könnten.

Beispiel: Herr B. ist Patient der Station X. Er ist 43 Jahre alt, allein lebender Informatiker. Er wird seit vier Monaten stationär behandelt und »bisher ist nichts besser geworden«. Das Büro zur Chronifizierungsberatung entwickelt folgende Ideen, wie die Mitarbeiter zu seiner Chronifizierung beitragen können:

– »Wir könnten ihn aufmuntern: Das wird schon wieder, es ist doch alles halb so schlimm!«
– »Wir könnten ihm alles abnehmen und bald die Einsetzung eines Betreuers vorantreiben.«
– »Wir könnten Fortschritte im Behandlungsverlauf konsequent ausblenden: In vier Monaten hat sich GAR NICHTS getan«.
– »Wir könnten ihn behandeln, als könne er nicht anders – es sind die fehlenden Botenstoffe.«

Die Übung hat einen hohen Spaßfaktor und ist ein humorvoller Spiegel dessen, was oft real im Klinikalltag ohne solch eine Reflexion geschieht.

Zusammenfassung: Die verschiedenen Stränge der Weiterbildung – Theorieinputs, kreative Übungen zum Selbsterfahren, Rollenspiele zum Training für die Gesprächsführung, Live-Interviews (meist zum Zusehen) und die Diagnosespecials – wurden immer wieder miteinander verflochten. In jedem Weiterbildungsblock reflektierten wir die Auswirkungen auf den Stationsalltag und die Organisation als Ganzes.

Nach der intensiven Projektphase 2002–2006 wurden im Rahmen der Anschlussweiterbildung in den drei Kliniken weitest möglich eine »selbsttragende« Fallbesprechungs- und Einarbeitungskultur im SYMPA-Programm angeregt und zu verankern versucht, auch angesichts wechselnder Mitarbeiter nicht nur im ärztlichen Bereich.

SYMPA und seine Elemente – das nachstehend beschriebene Handbuch, die Weiterbildung, Teile der Begleitforschung – sind inzwischen so gut erprobt, dass es von anderen interessierten Kliniken ebenfalls eingeführt werden kann.

6 Die SYMPA-Praxis – Ein Handbuch

Das SYMPA-Handbuch wurde zwischen 2004 und 2007 in zwei Schritten entwickelt. Im Anschluss an den vierten Weiterbildungsblock wurde mit Mitarbeitern aller Projektstationen eine erste Version des SYMPA-Handbuch erarbeitet, mit dem Ziel, die Kerninterventionen des systemisch-familientherapeutischen Arbeitens in der Akutpsychiatrie zu beschreiben. Seit Oktober 2004 wird auf den Stationen danach gearbeitet. In einem zweiten Schritt wurde das Handbuch nach mehreren Phasen seines Einsatzes in der Praxis in Kooperation mit Klinikmitarbeitern in Gummersbach, Paderborn und Wunstorf hinsichtlich seiner Nützlichkeit für den Stationsalltag geprüft und überarbeitet. Es verbindet von den drei SYMPA-Trainern in der Weiterbildung Gelehrtes und in vielen anderen Kliniken beobachtete Arbeitsweisen mit dem Erfahrungsschatz der Klinikmitarbeiter. Es enthält diejenigen Praktiken, die sich als klinisch sinnvoll, zeitlich machbar und konsensfähig gezeigt haben.

Das Handbuch verfolgt mehrere Ziele:

1. Auf SYMPA-Stationen soll es bereits weitergebildeten Mitarbeitern ermöglichen, immer mal wieder »nachzuschauen«, wie denn »das gemacht wird«.
2. Teams auf SYMPA-Stationen soll es helfen, sich immer wieder auf ein gemeinsames Vorgehen zu verständigen.
3. Neuen Mitarbeitern soll es die Einarbeitung in das SYMPA-Programm erleichtern. Es reicht aber dafür allein nicht aus. Erforderlich sind dafür neben der Lektüre dieses Handbuches
   - idealerweise eine SYMPA-Weiterbildung oder ein Grundkurs »Systemische Therapie und Beratung« (18–27 Tage),
   - zumindest ein längeres beobachtendes und Erfahrungen sammelndes »training on the job« mit kundigen, in SYMPA weitergebildeten Kollegen.
4. Interessenten aus anderen Kliniken soll es eine anschauliche Entscheidungsbasis bieten, ob sie die SYMPA-Arbeitsweise auch bei sich einführen möchten.

76 Die SYMPA-Praxis – Ein Handbuch

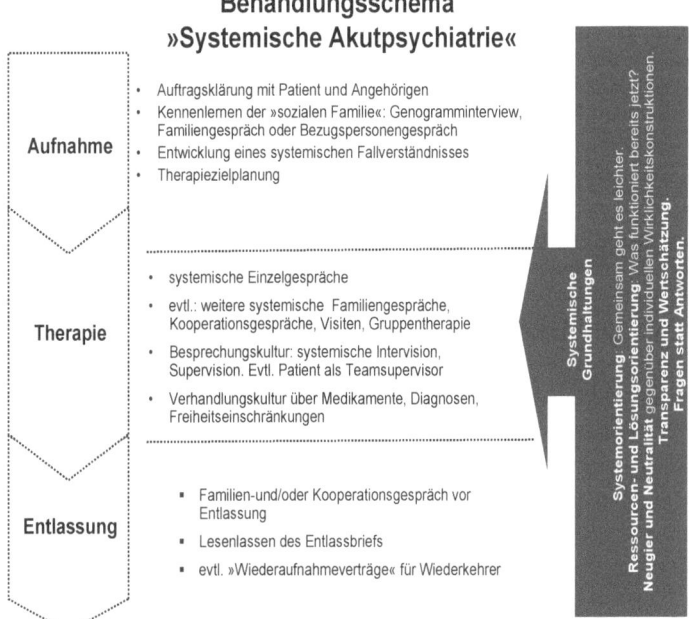

Abbildung 3: Behandlungsschema »Systemische Akutpsychiatrie«, SYMPA-Interventionen in den Phasen der stationären Behandlung

5. Forschern soll es helfen, die Vorgehensweise genau zu beschreiben und eventuell die »Manualtreue« therapeutischer Mitarbeiter in kontrollierten Studien zu überprüfen.

Als Hintergrundlektüre sollten zusätzlich die beiden Bände des »Lehrbuch der systemischen Therapie und Beratung« von Arist von Schlippe und Jochen Schweitzer (Bd. 1: 1996, Bd. 2: 2006) gelesen werden.

Die einzelnen SYMPA-Arbeitsformen werden im Handbuch entlang des typischen zeitlichen Ablaufs (Aufnahme, Therapie, Entlassung) einer stationären psychiatrischen Behandlung angeordnet (Abbildung 3).

Vorgehensweisen, die nur in bestimmten Situationen oder mit bestimmten Gruppen von Patienten angemessen erscheinen, sind als solche markiert. Die Darstellung der Interventionen beginnt stets mit dem Punkt »Ziel«, anschließend folgt eine ausführliche Beschreibung des Vorgehens, häufig angereichert mit Fallbeispielen. Am Ende wird, dort wo es sinnvoll erscheint, ein kurzer Überblick über die in dieser Intervention relevanten Fragen und Vorgehensweisen gegeben.

6.1 SYMPA-Interventionen am Behandlungsbeginn

Am Anfang eines therapeutischen Prozesses steht die wechselseitige Frage: »Wer sind Sie eigentlich?« und der Versuch, das »Gegenüber« kennenzulernen. Eine systemisch orientierte Behandlung versucht in dieser Phase möglichst viele Informationen über das soziale System des Patienten zu erhalten. Für diese Informationssuche haben sich in der Akutpsychiatrie zwei Instrumente bewährt: zum einen das *Genogramminterview* und zum anderen das *systemische Familien- oder Kooperationsgespräch* mit dem Patienten und bedeutsamen Personen aus dem Umfeld. Auf die Frage nach dem »Wer sind Sie?« folgt in der systemischen Akutpsychiatrie immer die Frage nach dem Behandlungsauftrag, also dem »Was erhoffen Sie sich, und was erhoffen sich die für Sie wichtigen Menschen, von unserer Klinik?« Wir gehen davon aus, dass Patienten selbst Experten für die Lösung ihrer Probleme und deshalb auch wichtige Mitgestalter der Therapiezielplanung sind. Ähnliches gilt abgeschwächt oft auch für Angehörige, andere nahestehende Menschen und wichtige externe Vor- und Mitbehandler. Ihre Behandlungswünsche sollen erkundet und soweit möglich genutzt werden. Ziel ist eine umfassende *Auftragsklärung* möglichst aller Beteiligten. Mit ihnen soll ein gemeinsames Verständnis entwickelt werden, wie der Patient in die psychiatrische Krise geriet und was ihm wieder heraushelfen könnte *(gemeinsames Fallverständnis)*. Aus Auftragsklärung und gemeinsamem Fallverständnis heraus wird eine *Therapiezielvereinbarung* getroffen und schriftlich fixiert. Jedem Patienten werden die Behandlungsangebote vorgestellt: Was ist obligat, was ist abwählbar? Bei Letzterem hat der Patienten die Wahl, welche davon er wahrnehmen möchte.

Eine Haltung der Neugier auf die soziale Situation des Patienten, der weitestmöglichen Neutralität gegenüber verschiedenen

Lebenskonzepten sowie des Nicht-Wissens, was für den Patienten »das Beste ist«, liegen diesem Vorgehen zugrunde.

6.1.1 Genogramminterview

Ziel: Die Erstellung eines Genogramms dient dazu, den Patienten und den Behandelnden eine Übersicht über das Familiensystem zu geben. Neben den Fakten wie Alter, Beruf usw. der zum System gehörenden Person tauchen Geschichten, Zuschreibungen und Ideen über Ursachen und Wirkungen auf, die zu weiterführenden Hypothesen anregen. Ziel ist es, im Gespräch über das Genogramm neue Ideen über Zusammenhänge, Muster und Aufträge zu gewinnen.

Zeitpunkt: Das Genogramminterview findet möglichst bald nach der Aufnahme unter Berücksichtigung der Belastbarkeit und Bereitschaft des Patienten statt. Das Genogramm sollte immer der Patientenakte beigelegt werden und so für alle Behandler zugänglich sein. Man kann an einem einmal erstellten Genogramm in späteren Sitzungen weiterarbeiten, oder es zur Bearbeitung spezifischen Fragestellungen im Verlauf der Therapie wieder aufnehmen.

Erstellen eines Genogramms: Zur Visualisierung der familiären Beziehungen und Strukturen werden einheitliche Symbole verwendet (Abbildung 4).

Folgende Informationen sollten, wenn möglich, für drei Generationen der Herkunftsfamilie im Gespräch mit dem Patienten erfragt und in das Genogramm aufgenommen werden:
- das Erstellungsjahr,
- geschiedene oder verstorbene Partner;
- außereheliche Beziehungen;
- Geschwister in der Altersreihenfolge von links nach rechts;
- Geschlecht;
- Berufe;
- Alter (Geburts- und Sterbedaten);
- physische und psychische Krankheiten der Familienmitgliedern;

SYMPA-Interventionen am Behandlungsbeginn

A. *Symbole, die die Mitgliedschaft in der Familie und die grundlegende Familienstruktur beschreiben.* (Auch Personen, die nicht zur unmittelbaren Familie gehören, aber mit der Familie zusammenlebten oder einem Familienmitglied besonders nahe standen, sollten mit ins Genogramm aufgenommen werden; sie sind am rechten Rand des Genogreamms einzuzeichnen und mit der Bezeichnung ihrer Funktion zu versehen.)

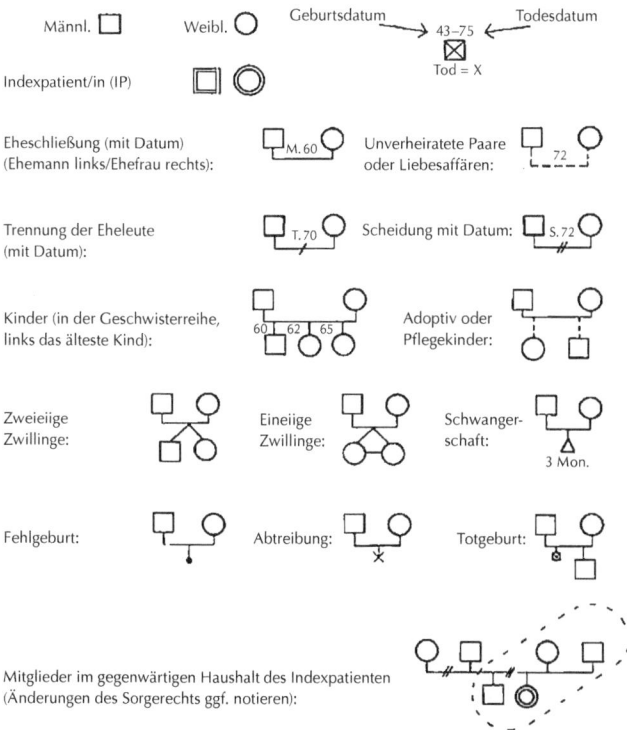

Abbildung 4: Symbole des Genogramms und der Beziehungsdarstellung (aus: McGoldrick u. Gerson, 2000, S. 178)

- schwere Unfälle oder Selbstmord(versuche);
- andere Todesursachen;
- Fehl- oder Totgeburten, Abtreibungen;
- Ressourcen und Fähigkeiten;
- wer gehört zum aktuellen Bezugssystem, wohnt zusammen oder ist ausgegrenzt;
- besondere Beziehungen zwischen Einzelnen (Liebe, Ablehnung, Verbündete usw.);

- ethnischer, religiöser, historischer, politischer, sozialer und ökonomischer Hintergrund.

Fallbeispiel: Das Genogramminterview
Fragen nach Wirklichkeitskonstruktionen
Th.: Frau F. (Diagnose: Depressionen mit Suizidversuchen), ich würde heute mit Ihnen gern Ihre Familie in einem Genogramm aufzeichnen. Das ist eine Art Stammbaum über drei Generationen, mit dem wir uns einen Überblick verschaffen können, wer alles zu Ihrer Familie gehört, wie die Beziehungen zwischen den einzelnen Familienmitgliedern sind und wem welche Eigenschaften zugeschrieben werden. Bitte erzählen Sie mir doch, wer zu Ihrer Familie gehört.
Frau F.: Ich bin 1965 geboren und jetzt 35 Jahre alt. Ich bin mit beiden Elternteilen aufgewachsen. 1989 habe ich selbst geheiratet, nach elfjähriger Ehe ließen wir uns 2000 scheiden. Beide Eltern sind Jahrgang 1939; sie haben 1961 geheiratet und sind seit 1983 geschieden. Ich habe einen älteren Bruder, Jahrgang 1956, der verheiratet ist und einen Sohn hat. Nach meinem Auszug 1985 heiratete meine Mutter noch einmal, ist inzwischen jedoch auch von ihrem zweiten Mann geschieden.

Zirkuläre Fragen und Kontextfragen
Th.: Was vermuten Sie, wie es zur Scheidung Ihrer Eltern kam?
Frau F. berichtet, sie habe ihre Mutter als psychisch labil erlebt, diese habe sich emotional von ihrem Mann nicht angenommen gefühlt und wenig Rückhalt durch ihn erfahren. Ihren Vater beschreibt Frau F. als »logisch und strukturiert ausgerichtet«. Die Mutter habe mehrere Selbstmordversuche unternommen und leide heute unter »extremen Zwangsgedanken und -handlungen«. »Von klein an« habe Frau F. das Gefühl gehabt, ihre Mutter unterstützen und retten und im Familienleben ausgleichen und optimal funktionieren zu müssen, damit es gut laufe und die Mutter durch sie keine zusätzliche Belastung habe.
Th. erfragt die »Familiengeschichten« und erfährt von der Übersiedlung von Ostpreußen nach Bayern. Th. und Frau F. sprechen über die Bedeutungsgebungen in diesen Geschichten, auch im Hinblick auf den nicht einfachen beruflichen Weg der Eltern (Vater als Ingenieur; Mutter als Schneiderin, die aber beruflich nicht tätig war).

Fragen zu Unterschieden
Th.: Wie würden Sie die Beziehung Ihres Bruders zur Mutter beschreiben? Ähnlich wie Ihre eigene oder haben Sie seine Beziehung zur Mutter anders erlebt? Worin unterscheidet sich die Beziehung zwischen den Eltern und dem Bruder und Ihnen selbst?

SYMPA-Interventionen am Behandlungsbeginn 81

Ressourcenorientierte Fragen
Th.: Welche Ressourcen gibt es in Ihrer Familie? Wie sind die Familienmitglieder bisher durch Krisen gekommen? Was sind die Ressourcen der Einzelnen und Ihnen selbst? Worin ähneln und worin unterscheiden sie sich voneinander?

Problem- und Lösungsfragen
Th. fragt konkret nach den Umständen zum Beginn der Erkrankungsphase.
Frau F. berichtet, ein schwerer Skiunfall habe ihr sehr bewegliches berufliches Leben als selbständige Vertreterin plötzlich auf Null reduziert. Ihre vorherige Arbeitsweise schätzt sie »aus heutiger Sicht übertrieben« ein, dieses extreme Aktivsein hätte sie reduzieren müssen.

Verschiedene hypothesengeleitete Fragen regen zu neuen Ideen und Konstruktionen an
Hypothese: Ein Teil in Frau F. könnte sich aufgeopfert und zu kurz gekommen fühlen. Vielleicht ist die Klinik ein Ort, an dem sie selbst einmal versorgt wird.
    Frage: Wo und zu welcher Zeit haben Sie sich gut versorgt gefühlt – außer in der Klinik?
    Hypothese: Die Berufsgeschichte der Familie wird bisher über die Generationen als »Erfolgsstory« erzählt, die Frau F. jäh unterbrochen hat.
    Frage: Wie reagieren der Vater oder andere Familienmitglieder darauf, dass Sie sich zumindest aktuell nicht so leistungsstark zeigen? Zu welchen neuen Beziehungserfahrungen hat Sie das eventuell schon geführt?
    Hypothese: Wenn bisher scheinbar alle Beziehungen in der Familie durch Scheidung gelöst wurden, stellt sich die Frage: Wie könnte man eine Beziehung auch anders beenden?

Beendigung des Genogramminterviews und Schlusskommentar – Ein Blick voraus in die Vergangenheit
Th. bittet Frau F., sich in ihrer Phantasie drei Jahre vorzudenken und sich vorzustellen, was sie dann in einem solchen Gespräch über die vergangenen drei Jahre erzählen würde. Hier unterscheidet Frau F. einen positiven Verlauf ihres Lebens und einen negativen. In der positiven Alternative hätte sie es geschafft, das Leben nicht als unnötige Belastung, sondern als etwas Positives zu sehen. Beruflich würde sie etwas völlig anderes als Betriebswirtschaftslehre machen. Negativ wäre, dass es sich nicht gelohnt haben würde zu leben.

Eine Hypothese und eine Veränderungsidee
Th. schließt diese Sequenz mit dem Kommentar ab, sie habe Frau F. als »Powerfrau« erlebt, der 1995 aus irgendeinem triftigen Grund, den sie noch nicht kenne, nachhaltig die Hoffnung abhanden gekommen sei. Frau

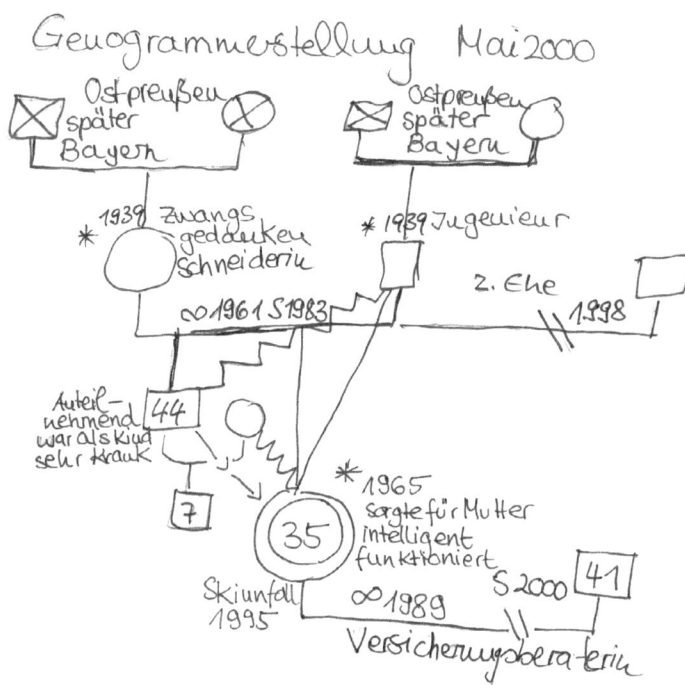

Abbildung 5: Genogramm von Frau F.

F. habe seit Kindheit mehr für die anderen (Familie und Beruf) getan und investiert als diese für sie. Sie könnte jetzt mit Ende 30 (unbewusst) an ihre Berentung denken. Vielleicht könne Frau F. sich aber auch entschließen, »dosiert zu investieren«, so dass die Bilanz eher für sie stimme.

Was ist wichtig? Im Beispielgenogramm (Abbildung 5) von Frau F. sind viele der genannten Informationen (drei Generationen, Indexpatient, Partner, Geschwisterfolgen, Alter, Scheidungen, Berufe, Unfall) enthalten. Das Wichtigste bleiben aber immer die Geschichten, die zu den Genogrammdaten erzählt werden (Schlippe u. Schweitzer, 2007, S. 131), aus ihnen lassen sich häufig neue Ideen über Zusammenhänge und Aufträge ableiten.

Formen des Genogramms: Ein Genogramm kann wie im Beispiel frei gezeichnet werden, es ist aber auch möglich, auf vorgefertigte Formulare oder Programme zurückzugreifen. Beides wird auf den beteiligten Stationen praktiziert. Einige Stationen entwickelten im Rahmen des SYMPA-Projekts eigene Genogrammvorlagen, die in den Interviews zum Einsatz kommen.

Fragen und Vorgehen beim Genogramminterview im Überblick

Fragen zum Kontext: Wer ist wer und was war wann?
- Wer gehört zur Familie?
- Wie sind die Beziehungen der Familienmitglieder zueinander aus Sicht des Patienten?
- Wie waren die Bedingungen, unter denen in der Familie psychische Krisen abliefen?
- Zu welcher Zeit, in welchem politischen, kulturellen, religiösen, wirtschaftlichen Kontext fanden wichtige Ereignisse der Familiengeschichte statt?

Zirkuläre Fragen: Was läuft untereinander ab?
- Wie vermutet die Patientin die Beziehungen zwischen anderen Familienmitgliedern?
- Wie würden andere die Zusammenhänge von Ereignissen beschreiben?
- Wie reagieren die Familienmitglieder wechselweise aufeinander? Was vermuten die Einzelnen über die Motive, die Wünsche und Bedürfnisse der anderen und die Folgen ihres eigenen Handelns?

Ressourcenorientierte Fragen: Was kann man dieser Familie zutrauen?
- Welche Eigenschaften und Ressourcen werden den Familienmitgliedern zugeschrieben?
- Wie hat es die Familie oder haben es einzelne Mitglieder geschafft, mit Krisen umzugehen?
- Welche Schätze hat die Patientin aus der Familie mitbekommen?
- Wer hat sie unterstützt?
- Wen hat sie besonders gemocht und von wem wurde/wird sie geliebt?

Problem- und Lösungsfragen
- Worin besteht aus Sicht der Familienmitglieder das Problem/die Probleme des Patienten?
- Wie reagieren die anderen Mitglieder auf die Probleme des Patienten?
- Was würde sich in der Familie verändern, wenn diese Probleme gelöst wären?

- Gibt es jemanden, der belastende familiäre Traditionen schon einmal intensiv unterbrochen hat, und wie haben alle anderen darauf reagiert?

Beendigung des Genogramminterviews
- Schlusskommentar mit eigenen Vermutungen und Hypothesen des Therapeuten
- Veränderungsideen vorsichtig und fragend anbieten
- Zukunftsideen erfragen nach dem Motto: Wie wird es wohl in fünf Jahren weitergegangen sein in dieser Familie?
- erfragen, ob und wenn ja, welche neuen Ideen und Erkenntnisse es nach der Arbeit mit dem Genogramm gibt, an denen man weiterarbeiten könnte

6.1.2 Familiengespräch/Kooperationsgespräch nach Aufnahme

Ziel: Viele Patienten leben nicht mehr im Verbund ihrer Herkunftsfamilie und haben oft auch keine Partner oder eigene Kinder. Daher sind andere Personen (z. B. Nachbarn, Freunde, gesetzliche Betreuer, ambulante Behandlern) in ihrem Leben häufig wichtiger als Familienmitglieder. Auch diese für den Patienten bedeutsamen Personen sollen zu einer Kooperation eingeladen werden. Systemische Familiengespräche oder Gespräche mit dem jeweils sozial relevanten Umfeld des Patienten sollen dazu beitragen, dass neue Ideen darüber entstehen, wie jeder Einzelne zu dem Entstehen und dem Aufrechterhalten des aktuellen Problemkreislaufes beiträgt. Es geht dabei nicht um Verursachungs- oder Schuldfragen, sondern um Kommunikationskreisläufe, die das Problem ungewollt aufrechterhalten oder verstärken.

Beispiel: Der depressive Vater steht nicht aus dem Bett auf, fühlt sich nutzlos und als Last für alle anderen. Die Familienmitglieder nehmen ihm in bester Absicht alles ab, woraufhin der Vater sich noch nutzloser fühlt und sich noch antriebsärmer zeigt.

Beim Gespräch am Behandlungsbeginn sind die Auftragsklärung und danach die Frage nach Zielen der Behandlung die zentralen Themen.

Allgemeines Vorgehen: In der Gesprächsführung sind Fragen das wichtigste »Instrument«. Die Aufklärung über das Krankheitsbild oder Psychoedukation können zusätzlich wichtige Inhalte dieses Gesprächs sein. Darüber hinaus stehen die Systemprozesse im Zentrum: die Erklärungen der Familie; ihre Hypothesen, wie sich das Problem entwickelt hat; welche Notwendigkeiten im Umgang miteinander jeder daraus ableitet und welche Beziehungskreisläufe sich daraus ergeben. Man kann auch im Familiengespräch gemeinsam das Genogramm erstellen und anhand dessen, wichtige Beziehungsfragen besprechen.

Fallbeispiel: Familiengespräch
Frau L. ist eine 22-jährige Patientin, die nach einem Suizidversuch mit depressiver Symptomatik in der Klinik Aufnahme fand. Sie studiert im dritten Semester Sprachen und lebt während des Studiums noch bei ihren Eltern. Der 60-jährige Vater ist italienischer Abstammung, ihre deutsche Mutter ist 50 Jahre alt. Frau L. ist das einzige Kind der Familie. Die Mutter ist als Bibliothekarin tätig, der Vater ist frühberentet.

Erkundung der Probleme: Was ist aus der Sicht der Beteiligten das Problem und in welchen Verhaltensweisen zeigt sich dies?
Th.: Frau L., was vermuten Sie, was aus der Sicht Ihrer Eltern das Problem ist?
Frau L.: Meine Eltern machen sich Sorgen, dass ich gar keinen Antrieb habe und so mutlos bin. Die sehen meine Zukunft als Problem.
Th:. Was meinen Sie [gemeint sind die Eltern] zu der Einschätzung Ihrer Tochter?
Mutter: Das sehe ich genauso, wir machen uns große Sorgen. Wir versuchen alles, um sie aufzumuntern, wir machen Ausflüge am Wochenende und verbringen viel Zeit mit ihr, wenn sie aus der Klinik zur Wochenendbeurlaubung nach Hause kommt.
Vater (mit starkem italienischen Akzent): Ja, das stimmt, sie sieht so traurig aus und spricht gar nichts und ist so hilflos.

Kontextualisierung des Problems: Wo, wann und wem gegenüber wird das Symptom/Problem gezeigt, weniger gezeigt, gar nicht gezeigt?
Th.: Wann sieht sie denn traurig und hilflos aus und gibt es auch Zeiten oder Gelegenheiten, wo das nicht so ist?
Vater: Ja, wenn wir zusammen etwas unternehmen, so als Familie, dann blüht sie auf und ist manchmal sogar fröhlich.
Th. zur Mutter: Machen Sie gelegentlich auch Ausflüge, wenn Ihre Tochter nicht zu Hause ist?

Mutter: Nein, mein Mann und ich gehen meist getrennte Wege, wir haben ganz unterschiedliche Interessen.

Problem- und Lösungsfragen
Th.: Woran würden Sie merken, dass das Problem »Depression« nicht mehr da wäre?
Frau L.: Ich wäre wieder voller Energie, mein Studium weiterzumachen, ich würde wieder unter Freunde gehen und Spaß am Leben haben.

Zirkuläres Fragen
Th.: Was würde Ihr Vater tun, wenn Sie wieder Spaß am Leben hätten, sich mit Freunden träfen und nicht mehr gemeinsame Sonntagsausflüge machen würden?
Frau L.: Der wäre in seinem Garten, da ist er sowieso am liebsten und auch die meiste Zeit.
Th.: Würde Ihre Mutter mit ihm in den Garten gehen?
Frau L.: Oh nein, meine Mutter hat ganz viele andere Interessen, die ist nie im Garten.
Th: Ich schlage Ihnen einen Zeitreise vor. Angenommen Sie haben Ihr Studium abgeschlossen und leben nicht mehr im Haushalt Ihrer Eltern. Sie kommen nur noch ab und an zu Besuch – wie wird sich das Leben Ihrer Eltern vermutlich weiterentwickeln?
Frau L.: Mein Vater wird nach Italien zu seiner Familie zurückgehen, dann hält ihn hier nichts mehr.
Vater: Ja, das würde ich machen, aber jetzt kann ich hier nicht weg, weil meine Tochter krank ist und ich sie nicht allein lassen kann.
Th. zur Mutter: Haben Sie das gewusst, dass Ihr Mann plant, nach Italien zu gehen?
Mutter: Das ist schon lange im Gespräch, wir gehen wie gesagt im Alltag schon seit Jahren getrennte Wege, aber ich habe noch nie gesehen, dass die Krankheit unserer Tochter uns auch zusammenhält.

Ausnahmen vom Problem
Th.: Wann ist das Problem nicht aufgetreten? Was haben alle Beteiligten damals anders gemacht als sonst? Was haben die Beteiligten gemacht, bevor es das Problem gab? Was müsste für eine Lösung geschehen und was könnte die Behandlung dazu beitragen?

Im weiteren Gespräch wird deutlich: Frau L.'s Symptomatik begann nach Beginn ihres Studiums und fast zeitgleich mit der Frühberentung des Vaters, als die Eltern mit konkreten Plänen für einen Auszug des Vaters nach Italien begannen. Die Familienmitglieder entdeckten, wie sie mit dem Wiedereinführen familiärer Gemeinsamkeit die Symptomatik bestärkten und die Symptomatik wiederum die Eltern in diesem chronifizierenden Lösungsangebot bestärkten.

Th.: Was ist das Gute (ein kleiner Nutzen) am Schlechten (Problem) für jeden Einzelnen?

Ideen der Familie: Die familiäre Trennung wird noch etwas verschoben – die Gemeinsamkeit früherer Jahre ab und zu aufleben lassen. Eltern dürfen »ihr Kind versorgen«.

Sprechen über Ressourcen

Th. fragt reihum, was die Patientin und ihre Eltern gut können, gern machen, was sie aneinander schätzen.

Familie: Alle schätzen Selbstständigkeit und ihre individuelle Autonomie innerhalb der Familie. Als Ressourcen sieht Familie L. unter anderem Klugheit, Gelassenheit, Großzügigkeit, Liebe, unterschiedliche Fähigkeiten (Vater Natur und Garten, Mutter intellektuelle Themen, Tochter Sprachbegabung und -begeisterung).

Beendigung des Familiengesprächs in einem Schlusskommentar

Th.: Es ist großartig, wie Sie sich alle so umeinander bemühen, Sie, Herr L., verschieben die Umzugspläne nach Italien auf unbestimmte Zeit, Frau L. (sen.) sagt andere Termine ab, um am Wochenende gemeinsam Ausflüge zu machen, Sie, Frau L. (jun.), nehmen für den Zusammenhalt der Familie derzeit einen großen Verzicht auf ein vergnügtes Studentenleben auf sich *(Würdigung)*.

So sehr Sie alle durch die depressive Symptomatik belastet sind und Sie alle drei bestimmt auf vieles verzichten, so sorgt sie doch gleichermaßen für einen Zusammenhalt der Familie und für eine zumindest zeitweise Rückkehr in alte glückliche Zeiten, als sie mit ihrer kleinen Tochter Sonntagsausflüge machten. Das ist ein Zeichen großer Liebe *(positive Umdeutung des Problems)*.

Ich möchte Ihnen daher eine Vorschlag machen: Bitte machen Sie in den nächsten vier Wochen an den Sonntagen einen Ausflug an ihre vier liebsten Ausflugsziele. Dort wandeln Sie auf den Ihnen vertrauten Wegen und halten am Ende an einer Stelle inne, an der Sie sich von diesem Ort verabschieden, ungefähr mit diesen Worten: Hier haben wir viele glückliche Stunden als Familie verbracht, wir danken der Depression unserer Tochter, dass sie uns noch einmal gemeinsam hierher geführt hat. Nun verabschieden wir uns von dem Ort und von diesem Familienabschnitt in unserem Leben, da wir jetzt an neue oder andere Orte gehen, die zu unserem nächsten Lebensabschnitt gehören. Die Erfahrung der Liebe und Gemeinsamkeit tragen wir als Schatz im Herzen und bleiben uns auch verbunden, wenn wir getrennte Wege gehen (*Vorschlag, familiäre Rituale etwas zu verändern*).

Fragen und Vorgehen bei Familiengesprächen zu Beginn der Behandlung im Überblick

Erkundung und Kontextualisierung der Probleme, die zur Einweisung geführt haben
- Worin besteht aus Sicht der Beteiligten das Problem/die Probleme?
- In welchen Verhaltensweisen zeigt sich dies?
- Wo, wann und wem gegenüber wird das Symptom/Problem gezeigt, weniger gezeigt, gar nicht gezeigt?

Ausnahmen vom Problem: Blick zurück in bessere Zeiten
- Wann ist das Problem nicht aufgetreten? Was haben alle Beteiligten da anders gemacht als sonst?
- Was haben die Beteiligten gemacht, bevor es das Problem gab?
- Was müsste für eine Lösung geschehen?

Zirkuläres Fragen: Der Umgang miteinander in der Krise
- Wie reagieren die Beteiligten wechselweise aufeinander? Was vermuten die Einzelnen über die Motive, die Wünsche und Bedürfnisse der Anderen und die Folgen ihres eigenen Handelns?

Problem- und Lösungshypothesen
- Wie erklären sich die Beteiligten die Entstehung und das Fortbestehen des Problems/Symptoms?
- Wann wäre das Problem gelöst?
- Woran würden die Beteiligten merken, dass das Problem gelöst ist?
- Was müsste für eine Lösung geschehen und was könnte die Behandlung dazu beitragen?

Sprechen über Ressourcen: Was dennoch gut läuft
- Was kann der Patient gut, was macht er gern?
- Was schätzen die Beteiligten aneinander?

Schlusskommentar
- Zusammenfassung: Würdigung des Engagements aller Beteiligten und des Erreichten, Hervorheben der bereits eingetretenen Veränderungen
- sofern möglich eine positive Umdeutung des Problems (Was sind die guten Nebenwirkungen des schlechten Problems?)

- sofern angebracht (wenn Patient und Familie etwas verändern wollen): Vorschlag für Experimente, zu Hause etwas »ein wenig anders als bisher« zu machen; Vorschlag, einzelne familiäre Routinen und Rituale etwas zu verändern
- sofern angebracht (selten beim ersten Gespräch; nur bei besonders guter Beziehung zu Patient und Familie): Vorschlag, das symptomatische Verhalten in bestimmten Situationen bewusst zu zeigen, um damit sozial wünschenswerte Wirkungen zu erzielen
- Vereinbarungen über weitere Gespräche, andere Gespräche, zum Beispiel bei Niedergelassenen

6.1.3 Erste Auftragsklärung und Entwicklung eines gemeinsamen Fallverständnisses

Auftragsklärung und gemeinsames Fallverständnis sind, wie im oberen Abschnitt beschrieben, eng miteinander verbunden. Ersteres geht immer letzterem voraus. Daher werden diese beiden Themen gemeinsam unter einem Punkt zusammengefasst.

Ziel: Bei der Auftragsklärung geht es um die oft vielfältigen und manchmal widersprüchlichen Erwartungen der Beteiligten. Erwartungen haben nicht nur die Patienten, sondern zum Beispiel auch Angehörige, Arbeitgeber, einweisende Ärzte, das Wohnheim oder der unterbringende Richter. Diese sollen bei der Auftragsklärung erfragt und ausgehandelt werden.

Allgemeines Vorgehen: Am Anfang eines stationären Aufenthalts klären die Behandler und der Patient die gegenseitigen Erwartungen und Einschätzungen. In dieser Phase der wechselseitigen Orientierung und Information werden Patienten, ihre Angehörigen und Behandler nach ihren Behandlungswünschen gefragt und die Station stellt ihr Behandlungsangebot vor. Man verhandelt, wie die Erwartungen des Patienten, die Erwartungen anderer Beteiligter und die Behandlungsangebote der Station zusammenzubringen sind. Aus Auftragsklärung und gemeinsamem Fallverständnis heraus wird eine *Therapiezielplanung* schriftlich fixiert, bei der

der Patient gemeinsam mit den Behandlern kurzfristige und mittelfristige Ziele für den Aufenthalt formuliert.

Fallbeispiel: Fragen zur Auftragsklärung
Frau K. (27 Jahre) wurde mit einer wahnhaften Psychose aufgenommen. Sie lebt bei ihrer Mutter und arbeitet seit sieben Jahren bei einer Firma in der Buchhaltung. In der ersten Woche nach der Aufnahme findet dieses Auftragsklärungsgespräch statt.

Th.: Auf wessen Wunsch sind Sie hier aufgenommen worden? War es Ihr eigener Wunsch oder hat es Ihre Mutter oder jemand aus dem Betrieb veranlasst oder jemand ganz anderer? Wer war noch beteiligt? Sind Sie mit einem Unterbringungsbeschluss hergekommen?

Frau K.: Ja, also das war meine Hausärztin, die hat gesagt, dass ich, wenn ich zustimme, in die Klinik zu gehen, dass ich dann auch wieder raus kann, also ohne Beschluss.

Th.: Was glauben Sie, was Ihre Mutter über diesen Klinikaufenthalt denkt? Begrüßt sie es, dass Sie hier sind oder besorgt es sie eher?

Frau K.: Die will schon, dass ich hier behandelt werde, aber dann sagt sie, soll ich nach Hause kommen, dann schaffen wir das schon.

Th.: Was glauben Sie, was Ihre Mutter von dem Klinikaufenthalt erwartet, was soll am besten hier geschehen?

Frau K.: Ja, meine Mutter, die will, dass Ihr mir hier Medikamente gebt, damit ich nicht mehr so böse Sachen denke.

Th.: Was vermuten Sie, was Ihre Hausärztin sich von dem Aufenthalt hier wünscht?

Frau K.: Die will, dass ich mal bisschen von zu Hause weg bin und dass ich mir nichts antue, wenn die Gedanken zu schlimm sind. Die sagt mir immer, dass ich mehr Abstand zu meiner Mutter brauche, aber meine Mutter braucht mich doch, die hat ja sonst niemanden.

Th.: Und was denken Sie selbst, was soll bei diesem Aufenthalt geschehen?

Frau K.: Ich kann mich hier mal ein bisschen ausruhen und zu mir kommen. Ich weiß ja manchmal gar nicht mehr, wo mir der Kopf steht, meine Mutter sagt so, mein Bruder so, in der Firma wollen die auch was, ich weiß gar nicht mehr …

Weitere wichtige Fragen bei der Auftragsklärung
Th.: Was genau aus dem Sortiment möglicher stationärer Behandlungsmöglichkeiten wünschen Sie sich? (Medikamente, Psychotherapie, Krankschreibung, Asyl, Refugium, »Hotel Psychiatrie«, Kontakt mit Menschen in ähnlicher Lage?)

Wir erfahren, dass es neben Frau K. noch andere Auftraggeber (Mutter, Hausärztin) gibt, die unterschiedliche Interessen verfolgen. Frau K.'s Mutter will vermutlich, dass ihre Tochter medikamentös genauer eingestellt wird, damit die produktive Symptomatik nicht bedrohlich wird. Die Hausärztin scheint die Psychiatrie eher als einen Distanzhalter zwischen Mutter und Tochter zu sehen und Frau K. selbst sucht einen Rückzugsort von vielerlei Ansprüchen.

Weitere mögliche Fragen:
- Wann: Wie lange soll der Aufenthalt gehen? Ist die Zeit reif für Veränderungen? Oder ist es dafür noch zu früh oder schon zu spät?
- Wie viel und wie intensive Intervention wünschen sich die verschiedenen Auftraggeber?
- Wofür und wogegen sollen die gewünschten Ergebnisse des stationären Aufenthalts genutzt werden?

Beendigung der Auftragsklärung:
Zusammenfassung des Auftrages und der Therapieziele (im Ausschnitt):
- »Ich fasse also zusammen, was ich von Ihren Erwartungen verstanden habe: …«
- »Sie selbst möchten, dass wir Sie dabei unterstützen, xy zu erreichen.«
- »Sie möchten zukünftig …«
- »Ihre Frau möchte xy und erhofft sich dafür Unterstützung durch Gespräche …«
- »Gibt es noch etwas, das wir hinzufügen sollten?«

Fallbeispiel: Fragen zum gemeinsamen Fallverständnis
In welcher systemischen Konstellation ist die Patientin einerseits in die aktuelle psychiatrische Krise und andererseits in das Krankenhaus hineingeraten?
Frau K. lebt mit ihrer Mutter zusammen, die seit 15 Jahren verwitwet ist. Sie kam vor 20 Jahren mit der Familie aus dem Kosovo nach Deutschland. Die Beziehung zwischen ihr und der Tochter ist eng und gemäß der traditionellen Vorstellung der Mutter würde die Tochter nur ausziehen, um zu heiraten. Da Frau K. nie ausgeht und außer zu den Arbeitskollegen keine Bekanntschaften pflegt, ist Auszug kein Thema. Ihr jüngerer Bruder lebt auch im Haushalt, genießt aber deutlich mehr Freiheit. Möglicherweise nutzt Frau K. die Psychiatrie als einen Ort, an dem sie mit anderen Menschen, außerhalb der Familie, soziale Kontakte pflegen kann.

Was könnte jede beteiligte Partei – zumindest: Patientin, Angehörige, Station – beitragen, damit die Patientin aus dieser Krise wieder herauskommt? In einem nächsten Gespräch mit Frau K., ihrer Mutter und ihrem Bruder wird zirkulär erfragt, welche Bedeutung und Wirkungen der geplante Auszug des Bruders auf die Beziehung zwischen Frau K. und ihrer Mutter haben könnte. Wird es dadurch enger oder kann Frau K. ihren Bruder als »Wegbereiter« für eigene Autonomiewünsche sehen und nutzen? Wie reagiert die Mutter auf das eine oder das andere? Möglicherweise entdecken die Beteiligten, dass eine Lockerung der familiären Bande die wahnhafte Krise insofern entschärfen würde, dass Frau K. nicht die Psychiatrie als Möglichkeit, mit Gleichaltrigen in Kontakt zu kommen, nutzen müsste. Von da ausgehend könnten erste Therapieziele vereinbart werden.

Fragen und Vorgehen bei der Auftragsklärung im Überblick

Am Beginn der Behandlung steht die *Auftragsklärung* mit dem Patienten/seinem Bezugssystem anhand folgender, das Gespräch leitender Fragen:
- *Wer* ist überhaupt der Auftraggeber der Behandlung und wer nicht? (der Patient selbst, Angehörige, der Hausarzt, das Gericht?)
- *Wer will was* aus dem Sortiment stationärer Behandlungsmöglichkeiten? (Medikamente, Psychotherapie, Krankschreibung, Geselligkeit, »Hotel Psychiatrie«?)
- *Wann*: Wie lange soll der Aufenthalt gehen? Ist die Zeit jetzt schon reif für Veränderungen? Ist es dafür eventuell noch zu früh oder schon zu spät?
- *Wie viel* und wie intensiv will der Patient die Behandlung nutzen?
- *Wofür oder wogegen*: Was sind die offiziell und inoffiziell gewünschten Ergebnisse des stationären Aufenthalts?

Ergebnis – Ein gemeinsames Fallverständnis: Durch die Auftragsklärung und Berücksichtigung der Erwartungen der Beteiligten soll als Grundlage für die Behandlung ein gemeinsames Verständnis über folgende Fragen entstehen:
- In welcher systemischen Konstellation ist der Patient einerseits in die aktuelle psychiatrische Krise, andererseits in das Krankenhaus gekommen?
- Was könnten die Beteiligten (z. B. Patient, Angehörige, Behandler) tun, damit der Patient wieder aus der Krise herauskommt?

6.1.4 Anfängliche Therapiezielplanung

Ziel: Aus Auftragsklärung und gemeinsamem Fallverständnis heraus werden im Dialog zwischen dem Patienten und dem Behandler Ziele formuliert und Behandlungselemente ausgewählt, die zu einer Verbesserung der Situation des Patienten beitragen können.

Allgemeines Vorgehen: Mit jedem Patienten – soweit möglich auch mit den Angehörigen – wird nicht auf einmal, sondern in mehreren Schritten bei Behandlungsbeginn eine Auftragsklärung gemacht und ein gemeinsames Fallverständnis entwickelt. Daran schließt eine gemeinsame anfängliche Therapiezielplanung darüber an, was während des Aufenthalts erreicht werden soll. Diese wird schriftlich festgehalten.

Die Therapiezielplanung kann nach Absprache von Mitarbeitern verschiedener Berufsgruppen durchführt werden. Es ist jedoch wichtig, dass es immer mit und nicht für oder über den Patienten geschieht.

Wichtige Regeln zur Vereinbarung der Therapieziele sind:
- Sie sollten aus der Ich-Perspektive der Patienten formuliert sein: Welche Ziele sieht er? Ziele, die die Behandler vorschlagen, werden nur vereinbart, wenn die Patientin sie sich zueigen macht.
- Ziele sollen möglichst genau und konkret definiert sowie positiv und in der Sprache des Patienten formuliert sein, sinnlich wahrnehmbar und aus eigenen Mitteln erreichbar sein.
- Die Ziele werden nach ihrer Wichtigkeit geordnet, die wichtigsten vorrangig bearbeitet.
- Ziele wandeln sich: Sie werden zunächst für die ersten 14 Tage formuliert, dann wird eine Zwischenbilanz gezogen, im weiteren Verlauf werden sie circa wöchentlich mit der Patientin überprüft.
- Sie werden in sehr kurzer Form aufgeschrieben (maximal eine Seite), in einer für Ärzte und Pflege gemeinsamen Akte zwecks Vermeidung von Doppeldokumentation. Der Patient unterschreibt und bekommt eine Kopie.

Fallbeispiel: Therapiezielplanung

Die Patientin, Frau G., kommt auf die Station, um mit ihrer Bezugspflegekraft zu sprechen. Sie berichtet über erheblichen Selbstverletzungsdruck und über drängende Suizidgedanken. Einem erneuten stationären Aufenthalt steht sie ambivalent gegenüber: Einerseits will sie trotz erheblicher Spannungen mit ihrer Mitbewohnerin in ihrer Wohnung bleiben, um sich unbeobachtet selbst verletzen zu können, andererseits spüre sie deutlich die Gefahr für ihr Leben und sucht deshalb stationäre Hilfe. Man einigt sich schließlich auf einen Kurzaufenthalt.

Th.: Sie haben uns den Auftrag gegeben, Ihnen einen stabilen Rahmen mit Gesprächsangeboten zur Verfügung zu stellen. Welche Ziele wollen Sie für diesen Aufenthalt formulieren, nachdem wir uns nun auf die Dauer von vier Wochen verständigt haben?

Frau G.: Ich möchte den Druck loswerden, mich zu verletzen, und vor allem will ich meine Reha weitermachen und dort in die andere Gruppe wechseln.

Th.: Was wollen Sie anstatt des Selbstverletzungsdruckes? Können Sie es positiv formulieren, was Sie wünschen?

Frau G.: Tja, hm, was will ich, ich glaube einfach Gelassenheit und zu wissen, dass es gut ist, so wie ich bin.

Th.: Woran würden Sie merken, dass diese Gelassenheit da ist?

Frau G.: Wenn ich mich trauen würde, Frau X aus der Gruppe mal zu widersprechen, wenn die mich anmacht. Stattdessen steigt der Druck bei mir und ich muss mich wieder verletzen.

Frau G. nennt als weitere Ziele, mit einer Freundin eine Unterstützung zu verabreden und die Notfallnummer der Freundin stets bei sich zu tragen, falls der Selbstverletzungsdruck zu hoch wird. Sie möchte lernen, Kritik zu äußern und annehmen zu können und sich in schwierigen Situationen zu öffnen, statt sich zurückzuziehen.

Nach zwei Wochen zeigt sich in der Zwischenbilanz, dass sie sich an Vereinbarungen auf der Station hält, sie kann trotz der kritischen Situation Ausgänge nutzen und vor allem auch die berufliche Reha fortsetzen. Sie hat mit der Freundin über die Notfallregelung gesprochen und trägt die Telefonnummer bei sich, ohne sie bisher gebraucht zu haben.

Das Ziel, Kritik äußern und annehmen zu können, bezeichnet Frau G. selbst als etwas Langfristiges. Frau G. nimmt sich als Übungsfeld vor, in den nächsten Gruppentherapiesitzungen jeweils eine kritische Rückmeldung zu geben und von den anderen Teilnehmern zu erfragen.

Beendigung der Therapiezielplanung: Vorschläge zur Reflexion der Aufträge und Ziele können folgendermaßen formuliert werden:

»Ich schlage Ihnen vor, dass wir in zwei Wochen Ihre Therapieziele noch einmal ansehen und gemeinsam überdenken, inwiefern Sie diesen näher gekommen sind, ob Sie sie weiterverfolgen wollen oder ob die Ziele und Aufträge neu und anders formuliert werden müssen. Falls eine solche Zwischenbilanz aus Ihrer Sicht früher nötig oder sinnvoll scheint, können wir das auch früher besprechen.«

Fragen und Vorgehen bei der Therapiezielplanung im Überblick

Fragen nach Unterschieden: Wie genau kann es vorwärts gehen?
- Welche Ziele wollen Sie formulieren?
- Welche Veränderungen sind für Sie am wichtigsten, welche am zweitwichtigsten usw.?
- Woran genau würden Sie merken, dass Sie das Ziel erreichen oder erreicht haben?
- Welche Schritte sind aus Ihrer Sicht nötig, um dieses Ziel zu erreichen?

Hypothetische und lösungsorientierte Fragen: Was wird anders, wenn es anders wird?
- Wenn das Problem wie durch ein Wunder gelöst wäre, woran würden Sie selbst es merken?
- Wer würde es in seinem Umfeld als Erster bemerken und woran?
- Wie würde derjenige, wie würden andere darauf reagieren?
- Welche weiteren Folgen hätte dies?

Ressourcenorientierte Fragen: Was hilft?
- Auf welche Fähigkeiten und Ressourcen können Sie zurückgreifen, um Ihrem Ziel näher zu kommen?
- Was können Sie gut? Was machen Sie gern? Was schätzen andere an Ihnen?
- Wie haben Sie das bis hierher geschafft?
- Was haben Sie bereits früher in Ihren Leben geleistet, geschafft, bewältigt und wie ist das gelungen?

6.2 SYMPA-Interventionen im Behandlungsverlauf

Die hier vorgestellten systemisch-familientherapeutischen Interventionen, deren Einsatz sich im Behandlungsverlauf in akutpsychiatrischen Kliniken bewährt hat, werden auf den an dem Projekt beteiligten Stationen zum Teil sehr unterschiedlich (Häufigkeit, Intensität) eingesetzt. Entscheidend für eine systemisch arbeitende Psychiatrie ist, dass diese vier übergreifenden systemisch-familientherapeutischen Elemente im Stationsalltag einen festen Platz haben:
1. die Thematisierung von Beziehungen auch im Einzelgespräch,
2. Behandlung in Mehrpersonensettings (z. B. Familie, externe Kooperationspartner, Gruppentherapie/Gruppenvisite),
3. systemische Besprechungskultur (systemische Supervision, Intervision oder Teamsitzungen mit dem Patienten als »Supervisor«),
4. systemische Verhandlungskultur.

Das systemische Einzelgespräch bietet in der stationären Behandlung die Möglichkeit, in kürzeren Zeiträumen als die Familiengespräche mit den Patienten ihre Beziehungsgestaltung zu besprechen, ihre Verhaltensweisen und Kommunikation mit anderen (Familie, Mitpatienten, Stationsmitarbeiter) und deren Reaktionen darauf zu reflektieren. Patient und Behandler können so in eine Art Metakommunikation aus der Vogelperspektive auf das Verhalten des Patienten und die Reaktionen der Umwelt schauen und Rückschlüsse besprechen, ob der Patient das Ergebnis als nützlich und für ihn sinnvoll sieht oder auf Veränderungsideen kommt.

Dazu gibt es sehr taugliche erlebnisorientierte Methoden wie die Arbeit mit dem Familienbrett oder die Zeitlinie. Das Familienbrett (Ludewig, 2000) eignet sich besonders, um Beziehungskonstellationen im wahrsten Sinne des Wortes sichtbar werden zu lassen. Der Patient bedient sich der zumeist einfach gehaltenen Figuren (verwandt werden runde, weibliche und eckige, männliche Holzfiguren, Playmobilfiguren oder anderes), um sie auf einer Art Schachbrett die Familie aufzustellen, in dem Abstand und Blick zu- oder abgewandt, wie es seinem inneren Bild von der

Nähe oder Distanz, Zugewandtheit oder Abgewandtheit der Personen entspricht.

Bei der Zeitlinienarbeit (Schindler, 1995) lädt man den Patienten dazu ein, gemeinsam mit dem Gesprächspartner auf einer gedachten Zeitlinie bestimmte Passagen seines Lebens zu durchschreiten, Ereignisse zu berichten, Ressourcen zu erinnern und damit wieder verfügbar zu machen, Krisenbewältigungen als wiederholbare Erfahrungsschätze zu würdigen und hypothetisch den Weg in die Zukunft zu gehen und schon einmal auszuprobieren, wie die gedachten Optionen sich dort stehend anfühlen. Aus dieser Zukunft kann man zurück ins Heute blicken und mutmaßen, wie man dann – in zwei Jahren oder wann auch immer – auf das Heute zurückblicken wird. Solche Methoden dienen der Herstellung einer Außenperspektive und werden mit den im Folgenden erläuterten systemischen Fragen begleitet.

6.2.1 Einzelgespräche

Ziel: In den Einzelgesprächen soll ein kontinuierlicher Anregungsprozess stattfinden. Wir wollen Unterschiede in der Wirklichkeitskonstruktion der Patientin erzeugen, indem wir bisher nicht hinterfragte Zusammenhänge und Erklärungsmuster neugierig erkunden und damit ermöglichen, dass die Patienten aus den eigenen Antworten neue Erkenntnisse und Ideen gewinnen.

Allgemeines Vorgehen: Auch in den Einzelgesprächen behalten hypothetische und zirkuläre Fragen eine tragende Rolle. Der Therapeut klinkt sich mit solchen Fragen (auch Fragen nach Erwartungen, Fragen nach Unterschieden, problem- und lösungsorientierte Fragen) in den inneren Dialog des Patienten und dessen Bezugssystem ein. Fragen setzen einen reflexiven Prozess zu den Wechselwirkungen dieses Beziehungssystems in Gang.

Veränderungen, die sich der Patient auf diese Weise erschließt, wirken sich auf andere relevante Kontexte aus und können dort, zum Beispiel im Familiengespräch, aufgegriffen und für weitere Entwicklungen genutzt werden.

Häufigkeit und Dauer des Einzelgesprächs: Während des stationären Aufenthalts sollte jeder Patient wöchentlich mindestens ein systemisches Einzelgespräch von 15–30 Minuten Dauer mit einem Mitarbeiter der Station erhalten.

Fallbeispiel: Fragen im Einzelgespräch
Herr Z. (50 Jahre) ist seit sechs Monaten mit großen Verlaufsschwankungen in stationärer Behandlung, nachdem er sich zu Hause zuerst immer mehr zurückgezogen hatte und schließlich einen Suizidversuch unternahm. Er ist freiberuflicher Profimusiker und managte bislang eine vierköpfige Band, die Unterhaltungsmusik macht. Früher war die Band gut im Geschäft, seit etwa zwei Jahren ist die Auftragslage schlechter geworden. Die hier vorgestellten Beispielfragen stammen aus einem Gespräch im Verlauf der Behandlung.

Problempaket aufpacken (siehe Wirklichkeitsfragen)
Th.: Was hat sich seit unserem letzten Gespräch verändert? Worüber möchten Sie heute gern sprechen?
Herr Z.: Ich habe wieder mal Wochenendbeurlaubung gehabt und da möchte ich drüber reden. Ich komme mir zu Hause so unnütz vor. Alle haben Aufgaben und der Alltag läuft so ganz ohne mich. Ich fühle mich überflüssig und irgendwie im Weg.
Th.: Wie läuft das ab? Was genau machen die anderen, dass Sie sich überflüssig fühlen? Was machen Sie, wenn Sie sich dann »im Wege« fühlen?

Im weiteren Gespräch wird deutlich, dass die Familie beim ersten Besuch aufgeregt ist. Alles ist bestens vorbereitet und »Vater soll sich schonen«. Herr Z. kommt sich eben wie ein Gast vor und zieht sich aus Unsicherheit ins Dachgeschoss vor den Computer zurück. Da das auch die Rückzugssymptomatik vor der Einweisung war, denkt die Familie, sie müsse ihn noch mehr schonen.

Auftragsklärung – die Erwartungen erfragen
Th.: Was wäre ein gutes Ergebnis unseres heutigen Gesprächs, wenn wir uns die Situation Ihrer Wochenendbeurlaubungen anschauen?
Herr Z.: Ich würde gern wissen, wie ich denen zeigen kann, dass ich ruhig auch mal was machen kann – dass die mir auch noch was zutrauen.
Th.: Wann wäre das Problem gelöst, wie viel müssten/sollten Ihre Frau und Ihre Tochter Ihnen zu Hause wieder »zumuten«? Soll alles so sein wie früher oder wie viel wäre gut?
Herr Z.: Nein, nicht alles wie früher, das würde ja auch heißen, wieder die Band und so, nein, nein! So Alltägliches wie Kochen, Einkaufen, Be-

sprechen, was wir unternehmen, oder auch einfach mal was erzählen, was Clara so in der Schule erlebt. Nur keine Probleme mit dem Geld oder was die Band betrifft, da will ich noch gar nicht dran denken.

Kombination von Problem- und Lösungsfragen, hypothetische Fragen
Th.: Angenommen, Sie wollten sich noch etwas mehr abschirmen – ich weiß, dass Sie das im Moment gerade nicht wollen, aber nur mal angenommen, es gäbe gute Gründe dafür ... Wie, glauben Sie, könnten Sie Ihre Frau und Ihre Tochter dazu einladen, Sie noch weniger am Alltagsleben der Familie teilhaben zu lassen?
Herr Z. (lacht): Ganz einfach, ich müsste sofort, wenn ich heimkomme, mich ins Dach verziehen und nicht runterkommen oder mich gleich ins Bett legen.
Th.: Was könnten gute Gründe dafür sein, das zu tun?
Herr Z. erzählt, dass er immer befürchte, seine Frau würde ihn auf die desolate finanzielle Situation ansprechen und ihn fragen, wie es mit der Band weitergehen soll und so zöge er sich vorsichtshalber gleich zurück. Wenn endlich klar wäre, dass er berufunfähig sei, wäre er erleichtert.
Th.: Wie viele Stunden des Rückzugs würde es benötigen, damit nicht die Idee aufkommen könnte, Sie seien wieder vollkommen gesund?
Herr Z.: Das klingt ja seltsam, aber ich sage es mal anders herum: Wenn ich die ganze Zeit ausschließlich mit der Familie verbringen würde, würden die denken, es ist alles wieder okay.

Beendigung des Einzelgesprächs: Würdigung des Erreichten, Hervorheben der Veränderungen
Th.: Ich bin beeindruckt davon, wie Sie beide Seiten der Besserung und Veränderung wahrnehmen. Die Besserung Ihrer Symptomatik hat den Vorteil, dass Sie gern wieder aktiver am Familienleben teilhaben möchten, hat aber eventuell auch den Preis, dass die Berentung ins Wanken kommen könnte.

Beendigung des Einzelgesprächs: Positive Umdeutung des Problems
Th.: So scheint es doch gute Gründe zu geben, mit den Zwischentönen zu spielen. Das Kranksein wie das Gesundsein müssen beide in der Balance gehalten werden und so scheint es vorübergehend eine gute Lösung zu sein, damit zu experimentieren, wie häufig, wann und wie lange Sie sich in den Dachboden zurückziehen oder nicht.
Th. macht Vorschläge für kleine Experimente, auf Station oder zu Hause, etwas »ein wenig anders als bisher« zu erproben.
Th.: Wie genau könnten Ihre Frau und Ihre Tochter erkennen, dass Sie für Alltägliches ansprechbar sind, nicht aber für grundsätzliche Existenzsicherungsfragen?

Herr Z. möchte das im nächsten Familiengespräch gemeinsam besprechen und zudem seinen Antrag auf Berufsunfähigkeit voranbringen. Er möchte, dass die Familie differenziert: ihn aktiv einbezieht, ihn aber nicht »für zu gesund« hält.

Th.: Verabschiedung »bis zum nächsten Gespräch«.

Fragen und Vorgehen beim systemischen Einzelgespräch im Überblick

Auftragsklärung: Die kleinen Fortschritte
- Die Erwartungen des Anwesenden erfragen: Wann wäre das Problem gelöst? Wer würde es bemerken und woran? Was kann ich, können wir dazu beitragen? Was wäre ein erfolgreicher Ausgang dieser Gespräche und des heutigen Gesprächs?

Zirkuläre Fragen nach Familienbeziehungen
- Wie reagieren Ihre Angehörigen auf Ihren Aufenthalt auf Station?
- Hat sich bei der letzten Wochenendbeurlaubung der Konflikt mit Ihrem Mann verschärft oder entspannt?
- Was denken Sie, wie bald Ihre Angehörigen Sie sich zu Hause zurückwünschen?

Problem- und lösungsorientierte Fragen
- Wie lange, wie oft, wann ist das Problem in den letzten Tagen nicht aufgetreten? Was haben Sie da anderes gemacht?
- Angenommen, Ihr Problem verfliegt heute Nacht wie durch ein Wunder, woran würden Sie es morgen früh als Erstes merken?
- Angenommen, Sie wollten das Problem noch etwas verschlimmern (obwohl ich weiß, dass Sie das nicht möchten, aber nur angenommen, es wäre so), wie könnten Sie das erreichen?
- Wozu könnte es gut sein, das Problem noch etwas zu behalten? Was würde fehlen, wenn das Problem weg wäre?

Beendigung des Einzelgesprächs
- Abschließend steht häufig die Frage, was in dem Gespräch heute an neuen Erkenntnissen entstanden ist.
- Sofern möglich, kann man eine positive Umdeutung des Problems vornehmen (Was sind die guten Nebenwirkungen des schlechten Problems?).
- sofern angebracht (wenn Patient etwas verändern will): Vorschlag für kleine Experimente, auf Station oder zu Hause, etwas »ein wenig anders als bisher« zu erproben

- sofern angebracht (nur bei guter Beziehung zum Patienten): Vorschlag, das symptomatische Verhalten in bestimmten Situationen bewusst zu zeigen, um damit sozial wünschenswerte Wirkungen zu erzielen
- Verabschiedung »bis zum nächsten Gespräch«

6.2.2 Gruppenvisite/Gruppentherapie

Ziel: In der Gruppenvisite/Gruppentherapie können Patienten durch das Zuhören und Mitdenken über Problemstellungen der Mitpatienten in den eigenen Prozessen angeregt werden und sie können veränderte Kommunikationsmuster einüben und vertiefen.

Allgemeines Vorgehen: Die Leitung der Gruppenvisite/Gruppentherapie übernimmt meist einer der Therapeuten (Ober- oder Stationsärzte, Psychologen, Pädagogen), co-therapeutisch begleitet von ein bis zwei Pflegemitarbeitern und einem Sozialarbeiter (Zusammensetzung kann je nach Klinik unterschiedlich sein).

Am Start steht ein kurzer Wetterbericht der Teilnehmer, dann wird an aktuellen Problemen oder Fragestellungen der Teilnehmer gearbeitet. Diese können sich auf das Zusammenleben in der Gruppe oder auf individuelle Fragen einzelner Patienten beziehen. Daraus können in der Gruppenvisite Einzelabsprachen mit Patient entstehen. In der Gruppentherapie werden dann gemeinsame, übergreifende Themen erarbeitet und eventuell mit Hausaufgaben zur Übung und Vertiefung versehen. Abschließend erfolgen ein Resümee und eine kurze Schlussrunde.

Häufigkeit und Dauer: Die Gruppenvisite findet in regelmäßigen Abständen in einem Zeitrahmen von etwa 60 Minuten in einem offenen Gruppensetting statt.

Fallbeispiel: Gruppensitzung
Wirklichkeitsfragen
Nach einer kurzen Eingangsrunde über das aktuelle Befinden werden alle teilnehmenden Patienten reihum gefragt, welches Thema oder Anliegen

sie heute besprechen möchten. Wir greifen hier das Anliegen einer Patientin auf, die sich durch die fast ununterbrochenen Handygespräche ihrer Zimmermitbewohnerin gestört fühlt.
Th.: Was genau am Verhalten von Frau S. stört Ihre Ruhe?
Frau Ö.: Dass sie immer im Zimmer telefoniert und nicht rausgeht.
Th.: Wie reagieren Sie auf diese Ruhestörung?
Frau Ö.: Ich gehe selbst raus, aber dann ärgere ich mich, weil das ja auch mein Zimmer ist.

Möglichkeitsfragen und zirkuläre Fragen
Th.: Wenn Sie Frau S. bitten würden, dieses zu unterlassen, würde sie vermutlich folgen oder Ihre Bitte ignorieren?

Als nun die anwesende Frau S. ins Gespräch einbezogen wird, stellt sich heraus, dass sie sich des Ärgers, den sie verursacht, nicht bewusst war. Sie sagt, sie wolle ihre Zimmernachbarin durch ihre Telefongespräche nicht stören. Nun werden Lösungen gesucht, wo und wann Frau S. telefonieren kann, ohne andere zu belästigen.

Fragen und Vorgehen in der Gruppentherapie im Überblick

Wirklichkeitsfragen/Auftragsklärung:
Wie läuft es mit den Mitpatienten?
- Welches Thema/Anliegen haben Sie heute?
- Was genau erfreut/stört Sie?
- Wie reagieren Sie darauf?
- Wie reagieren andere wiederum auf Ihre Reaktion?

Möglichkeitsfragen und zirkuläre Fragen:
Alternativen im Umgang miteinander
- Wenn Sie andere bitten würden, … zu tun/zu unterlassen, würden sie vermutlich folgen oder Ihre Bitte ignorieren? (Bsp.: Mitpatientin soll ihr Verhalten ändern)
- Was, glauben Sie, müssten Sie tun, um uns davon zu überzeugen, dass es ungefährlich ist, Sie in einen begleiteten Ausgang gehen zu lassen? (Patient beschwert sich, dass ihm Ausgang verwehrt wird)

Fokus auf Ressourcen und Lösungen:
Die Erfolge der letzten Wochen
- Wie haben Sie es geschafft, das Problem bis gestern nicht auftreten zu lassen? (Patientin klagt über ein neu aufgetretenes Problem, z. B. nächtliche Unruhe)

- Wie haben Sie das Problem heute wieder eingeladen? (Patient thematisiert nach längerer Pause das Wiederauftreten z. B. von Konflikten mit Mitpatienten)
- Was ist Ihnen in der letzten Woche besonders gut gelungen?
- Was fiel Ihnen auf, was Mitpatienten besonders gut gelungen ist in der letzten Woche?

6.2.3 Therapiezielplanung: Zwischenbilanzen

Ziel: Im Verlauf der Behandlung sollen Behandlungs- und Therapieziele überprüft werden, da sich mit der Veränderung des Zustandes der Patienten, aber auch durch Veränderungen in seinem sozialen Umfeld »draußen« die Ziele verändern können. Daher scheinen regelmäßige Zwischenbilanzen mit dem Patienten sinnvoll. Diese dienen zum einen dem Überprüfen der ehemals besprochenen Ziele, zum anderen einer Verdeutlichung, welche Veränderungen inzwischen wahrgenommen werden können.

Die Fragen nach den bisherigen Veränderungen und die Neutralität gegenüber den formulierten Zielen richten die Aufmerksamkeit aller Beteiligten auf schon vorhandene Lösungen und Ressourcen und stärken die Eigenverantwortlichkeit.

Allgemeines Vorgehen: Die formulierten Ziele werden mit dem Patienten einzeln durchgegangen: Inwieweit sind sie bis jetzt erreicht worden? Inwieweit haben sie sich überhaupt als sinnvoll und erreichbar erwiesen?

Diese Fragen sollen den Patienten dazu anregen, Ideen zu entwickeln, welche Ziele im Weiteren anstrebenswert sind und wie und durch welche Ressourcen sie erreichbar scheinen.

Die Behandler sprechen möglichst neutral darüber, was die Vorteile der Umsetzung, des Voranbringens oder des Veränderns, des Fallenlassens oder Verlangsamens der Therapieziele sein könnten.

Fallbeispiel: Fragen zu Therapiezielen
Herr P. (49 Jahre) ist mit depressiver Symptomatik in psychiatrischer Behandlung. Er ist türkischer Nationalität und lebt mit seiner Familie seit

20 Jahren in Deutschland. Er ist Pförtner in einer großen Firma und nun seit mehreren Monaten krank geschrieben. Seine Frau ist seit zwei Jahren an Krebs erkrankt und muss häufig zu ambulanten oder stationären Therapien in die Klinik. Er berichtet, dass er an seinen Arbeitsplatz zurückmöchte, der Kontakt zu den Kollegen bedeutet ihm viel. Ein Fernziel ist es, seine gesamte Verwandtschaft in der Türkei zu besuchen, was aber im Moment wegen der Erkrankungen und wegen Geldmangels nicht geht.

Ein Ausschnitt aus dem Gespräch über die Therapieziele zeigt, wie Herr P. das Thema Lebensenergie operationalisiert. Er sagt, er habe sich bei der Klinikeinweisung wie ein alter Mann gefühlt, er sei vollkommen kraftlos und müde gewesen, als wäre er 80.

Th.: Wie würden Sie Ihre Ziele für den Bereich Energie – ja für Ihren Energiehaushalt – beschreiben?

Herr P: Ich möchte mich wieder so alt fühlen wie ich bin. Ich will wieder meine Frau in die Klinik begleiten können, ich muss sie doch fahren.

Th.: Also wäre ein Ziel, dass Sie wieder genug Energie haben, Ihre Frau in die Klinik zu begleiten und zu unterstützen?

Herr P: Ja, so ist das, das ist das Wichtigste.

Th.: Woran würden Sie denn merken, dass Sie dafür wieder genug Energie haben?

Herr P: Ich müsste mich mindestens wie 50 fühlen, jetzt fühle ich mich schon etwas besser, sagen wir wie 65.

Th.: Also Ihr Ziel, Ihre Frau wieder begleiten und fahren zu können, haben wir bereits festgehalten. Sollen wir für die kommende Zeit ein Altersbarometer aufzeichnen, in dem Sie einschätzen, wie es mit der Verjüngung vorangeht?

Herr P: Das ist eine gute Idee. (Mit Herrn P. wird noch besprochen, was er an Unterstützung braucht, um die Energie wiederzugewinnen, wie lange es seiner Meinung nach braucht und welches die nächsten Schritte wären.)

Th.: Dann schreibe ich das so auf und gebe Ihnen den Therapiezielplan zum Unterschreiben und wir werden in zwei Wochen wieder darauf schauen und eine Zwischenbilanz machen.

Fragen und Vorgehen bei Zwischenbilanzen im Überblick

Wirklichkeitsfragen zu wahrgenommenen Veränderungen im Behandlungsverlauf
- Was hat sich verändert?
- Wenn sich nach Ihrer Einschätzung nichts verändert hat, wie haben Sie das geschafft?

- Welche Veränderung ist für Sie am wichtigsten, am erfreulichsten, am überraschensten? Welche Veränderung ist für Sie die zweitwichtigste usw. (Rangreihe)?
- Zu wie viel Prozent hat sich das Symptom/Problem verändert? Ist diese Veränderung aus Ihrer Sicht ausreichend oder wie viel Prozent mehr möchten Sie noch erreichen? Wie könnten Sie dafür sorgen, dass Sie dies erreichen? usw.

Hypothetische und lösungsorientierte Fragen: Zielkorrekturen sinnvoll?
- Angenommen, Sie würden sich aus guten Gründen entscheiden, dieses oder jenes Ziel nicht weiterzuverfolgen, wie würde sich das auf Ihre Beziehung auswirken?
- Wenn das Problem wie durch ein Wunder gelöst wäre, woran würden Sie es selbst merken?
- Wer würde es in seinem Umfeld als Erstes bemerken und woran?
- Wie würde der/diejenige, wie würden andere darauf reagieren?
- Welche weiteren Folgen hätte dies?

Beendigung der Therapiezielplanung/Zwischenbilanz
- Eine schriftliche Fassung des Besprochenen wird möglichst gleich am Ende des Gesprächs erstellt und mit der Unterschrift der Beteiligten versehen.

6.2.4 Intervision/Fallbesprechungen mit und ohne Patienten

Fallbezogene Teamsitzungen ohne Patient
Ziel: Neben den laufenden Teambesprechungen und Übergaben kann die Gruppenintervision dazu dienen, einzelne (z. B. besonders schwierige) Patienten sorgfältiger durchzusprechen. Durch eine lösungs- und ressourcenorientierte Besprechungskultur werden den Patienten Fähigkeiten zur aktiven Beeinflussung und Lösung ihres Krankheits- bzw. Problemverlaufes zugetraut, die sie, angestoßen von außen, erkennen, übertragen und einsetzen können. Patienten werden als Auftraggeber (»Kunden«) wahrgenommen, die ihre Wünsche und Aufträge mit den professionellen Behandlern aushandeln. Das Team kann mögliche Lösungen diskutieren oder das als pathologisch wahrgenommene Verhalten positiv umdeuten.

Allgemeines Vorgehen: Die Teamintervision findet zu einer festgelegten Zeit möglichst zweimal pro Monat – neben den laufenden Teambesprechungen und Übergaben, die der Alltagskoordination dienen – statt. Anfangs ist dieses Vorgehen unvertraut. Mit zunehmender Routine wächst die Kompetenz der Teammitglieder zu solch strukturierten Intervisionen recht schnell.

Verschiedene Schritte sind zu beachten:

1. *Moderation:* Ein Teammitglied wird als Moderatorin ausgewählt. Sie sammelt die zu klärenden Fragen, gewährleistet, dass man am Thema bleibt, und achtet mit Blick auf die Uhr darauf, dass in der verfügbaren Besprechungszeit eine Antwort auf die Fragen gefunden wird.
2. *Fallzusammenfassung:* Das mit dem Patienten bestvertraute Teammitglied (Fallvorsteller) schildert die aktuellen Probleme, deren sozialen Kontext und welche Lösungsversuche bislang mit welchem Ergebnis gemacht wurden. Die anderen Teammitglieder fragen nach allen Informationen, die ihnen zu einem ersten Problemverständnis noch fehlen.
3. *Hypothesenrunde:* Das gesamte Team sammelt Ideen zu einem systemischen Verständnis der aktuellen Probleme: »Wie tragen die Ideen und Handlungen der verschiedenen Beteiligten (z. B. Patient, Angehörige, gesetzliche Betreuer, Arbeitgeber, Überweiser, Klinikmitarbeiter) bislang zur Aufrechterhaltung der Probleme bei? Was sind die positiven Nebenwirkungen der unangenehmen Probleme? Welche Tendenzen stehen einer Problemlösung im Wege?«
4. *Auswertung:* Moderator und Fallvorsteller werten aus, was sie von den geäußerten Ideen als »Treffer« und was als »Niete« im Blick auf die anfängliche Frage bewerten und zu welchen »Treffern« sie konkrete Ideen entwickeln wollen.
5. *Brainstormingrunde:* Das gesamte Team sammelt konkrete Lösungsideen für die Arbeit der Station in den nächsten Tagen und Wochen.
6. *Abschlussbilanz:* Am Ende der Sitzung wird festgehalten, was davon konkret von wem wann umgesetzt wird.

Angestrebt wird dabei eine Besprechungskultur, die die Wünsche und Aufträge des Patienten auch dort ernst nimmt, wo sie der Behandlungsphilosophie des Teams widersprechen; die neben seiner Plus- und/oder Minussymptomatik auf seine (eventuell sehr verschütteten) Ressourcen zur Problemlösung achtet; die eine positive Umdeutung seiner Symptome im Beziehungskontext versucht; die durch hypothetisches und ergebnisoffenes »zirkuläres Spekulieren« die Zahl nützlicher Problemlösungsideen vergrößert.

Fallbezogene Intervision mit Patient
Ziel: Die Reflexion in einer Teamsitzung in Anwesenheit des Patienten basiert auf Elementen des Reflecting Teams (Anderson, 1990). Wechselweise sollen Patient und das Behandlerteam voneinander Einschätzungen hören und so angeregt werden, wie sie kleine Veränderungen einführen könnten, um aus der Wiederholung von ungünstigen Kommunikationen herauszufinden. Mit dem Reflecting Team wird eine Außenperspektive hergestellt, die diesen Prozess unterstützt.

Die besondere Wirkungsweise dieser Arbeit liegt darin, dass eine Trennung zwischen einem therapeutischen System (Therapeut und Familie) einerseits und einem beobachtenden System (z. B. Kollegen oder andere Profis) andererseits besteht.

Das beobachtende System hört dem Gesprächsverlauf eine Zeit lang zu, reflektiert danach über das Gehörte, was wiederum in einer dritten Runde vom therapeutischen System (nach eigener Auswahl) aufgegriffen wird. So entsteht eine Art von ungerichteter Kommunikation, etwas wie ein lautes Nachdenken über das therapeutische Gespräch und dessen Zusammenhänge.

Dadurch soll ein Freiraum für die Entwicklung vielfältiger Perspektiven und Lösungsmöglichkeiten geschaffen werden, in dem die Patienten aus einer Zuhörerposition heraus Ideen annehmen oder ebenso gut verwerfen können.

Der Patient nimmt eine aktive, verantwortliche und autonome Rolle ein. Das Team übt sich in Ressourcen- und Lösungsorientierung und bringt dennoch kritische Themen wertschätzend zur Sprache. Das Team bekommt durch die Rückmeldungen des Patienten ebenso Anregungen wie der Patient selbst. Für den Patienten entsteht so Transparenz (»Durchblick«) darüber, was und warum etwas mit ihm gemacht wird.

Allgemeines Vorgehen: Das Gespräch beginnt immer zwischen den Behandlern. Jede/r Patient/in sollte während der Behandlungszeit bei ein bis zwei »Fallbesprechungen« über seine Person anwesend sein. Das Reflecting Team findet nur mit Zustimmung der Klienten/Patienten statt. Er bringt eine Vertrauensperson (Mitpatient, Betreuer, Angehörige etc.) mit oder wird von einem Bezugspfleger/Bezugstherapeuten begleitet. Die Mitglieder des Reflecting Teams sprechen über Eindrücke, die sie über einen Patienten und eventuell seine familiäre Situation gewonnen haben. Der Patient hört dabei nur zu.

Die beteiligten Systeme (Patient und Behandlerteam) begeben sich in einen gemeinsamen Prozess von abwechselndem Sprechen und Zuhören. Praktisch nehmen hierbei die Mitglieder des therapeutischen Teams und der Patient mit seiner Vertrauensperson abwechselnd eine reflektierende Position ein. Das Team spricht zunächst über den Patienten, die Wahrnehmung des Teams von verschiedenen Situationen, Verhaltensweisen, Interaktionen, Entwicklungen des Patienten usw.

Patient und Begleitung beteiligen sich nicht an diesem Gespräch, hören jedoch aufmerksam zu. Nach 15–20 Minuten werden die Positionen gewechselt. Der Patient und seine Begleitung denken jetzt laut über das soeben Gehörte nach. Was daran war anregend, was war verwunderlich, welche Wahrnehmungen werden von dem Patienten berichtigt, was möchte er selbst dem Team rückmelden?

Konkrete Schritte:
Vor der Teamsitzung:
- Ankündigung und Einladung zur Teamsitzung für die Patienten,
- Erklärung der Vorgehensweise,
- Zeitstruktur erstellen – Termin mit dem Patienten vereinbaren, an dem er »drankommt«.

In der Teamsitzung:
- Die Mitarbeiter tauschen ihre *Wirklichkeitskonstruktionen* (Wahrnehmungen) über die anwesenden Patienten aus:
  - entweder zu einem anstehenden Thema
  - oder als aktuelle Situationsbeschreibung.

- Das Team tauscht *ressourcenorientiert Sichtweisen* aus – beispielsweise:
  - Was läuft gut?
  - Was sorgt für Verwunderung/Besprechungsbedarf?
  - Hypothesen, wofür etwas gut sein könnte, was eventuell als schwierig erlebt wird (Hypothesen sind Annahmen, die Handlungen und Verhalten begründen könnten!): »Wie tragen die Ideen und Handlungen der verschiedenen Beteiligten (z. B. Patient, Angehörige, gesetzliche Betreuer, Arbeitgeber, Überweiser, Klinikmitarbeiter) bislang zur Aufrechterhaltung der Probleme bei? Was sind die positiven Nebenwirkungen der unangenehmen Probleme? Welche Tendenzen stehen einer Problemlösung im Wege?«
- Reflexion des Patienten mit seiner Begleitung über das Gehörte.

Regeln für das Reflektieren im Team:
- Sprache ist eher suchend, konjunktivistisch, eher zu sich selbst sprechend als zu den anderen.
- Alles, was gesagt wird, wird aus einer wertschätzenden Perspektive gesagt.
- Aktiv eine Vielfalt an Perspektiven aufrechterhalten.
- Abweichende Meinungen gelten als Anregung, nicht als Infragestellung.
- Team dient als Modell: von einer Entweder-oder-Logik zu einer Sowohl-als-auch-Haltung finden.
- Einzelne Redebeiträge stehen für sich und werden nicht diskutiert.
- Keine Instruktionen und manipulierenden Botschaften.

Beendigung der Teamsitzungsphase mit dem Patienten: Das Ende beginnt mit einer Zusammenfassung und einem Dank für Kommen und Mitwirkung. Es ist wichtig, mögliche Ergebnisse, neue Erkenntnisse, die das Behandlerteam durch die Rückmeldungen des Patienten bekommen hat, klar zu benennen, da sie oftmals auch Veränderungen für den Patienten selbst sind. Wenn dies nicht der Fall ist, sollte man die Sitzung mit einem wertschätzenden Dank beenden, im Sinne von »Wir schätzen es sehr, dass Sie an diesem Gespräch teilgenommen haben. Das waren erst einmal viele Eindrücke, die da über Sie ausgetauscht wurden. Falls Sie jetzt noch gar nichts dazu sagen können, ist das sehr verständlich. Falls Sie später auf uns zukommen wollen, um noch etwas aus dem Gespräch zu besprechen, können Sie das sehr gern tun.«

Fallbeispiel: Die Frage der Ausgangserweiterung
Frau E. ist eine alleinstehende Frau um die 40 Jahre, nahezu ohne soziale Kontakte und mit Stellen des Rentenantrages auch ohne eine berufliche Perspektive für die nähere Zukunft.

Sie wird kurz vor Weihnachten von den besorgten Kollegen der Tagesklinik wegen akuter Eigengefährdung zur Station, auf der sie zuvor behandelt worden war, zurückbegleitet. Insgesamt blickt die Patientin auf eine Krankheitsepisode von über einem Jahr zurück mit kontinuierlicher voll- und teilstationärer Behandlung. Das Genogramm eröffnet, dass sich bereits drei Familienmitglieder in den letzten Jahren suizidiert haben und dies vor dem Hintergrund einer sehr invalidierenden (Gefühle der Betroffenen nicht ausreichend würdigenden oder missachtenden) Familienstruktur mit bis in die Gegenwart hineinreichenden angespannten Beziehungen. Die Patientin erlebt sich über eine lange Zeit depressiv und resigniert mit dem anspannenden Gefühl, den Suizidgedanken nachkommen zu müssen. Kleinste Freiräume lösen ein Verlangen aus, zu flüchten und ihr Leben zu beenden. Auf Station auch in unmittelbarer Nähe der Stationsmitarbeiter kommt es zu parasuizidalen Handlungen. Die Frage der Ausgangserweiterung ist ambivalent: geprägt von der Sorge um das Leben der Patientin und zugleich von dem Wunsch nach Fortschritt der Behandlung und Normalität – und dies sowohl von Seiten der Patientin selbst als auch von den Teammitgliedern.

Die Patientin wird in eine Teamsitzung eingeladen, um gemeinsam diese schwierige Entscheidungslage zu verhandeln. Frau E. hört aufmerksam zu.

Ausschnitt aus dem multiprofessionellen Teamgespräch
MA 1: Ich fange mal an. Also ich habe Frau E. letzte Woche auf Station sehr offen erlebt. Sie hat mit mir viel über ihre Anspannung und die Fluchtgedanken gesprochen, die Suizide in der Familie scheinen sie sehr zu belasten. Ich frage mich, was es bräuchte, damit Frau E. sich davon abgrenzen könnte.
MA 2: Ja, das ging mir auch durch den Kopf, da Frau E. die Familienbeziehungen als sehr konflikthaft und aufgeladen schildert. Das sind Konflikte, bei denen man auf die Idee kommen könnte, es geht um alles, bis aufs Blut oder man könnte davonrennen.

MA 3: Hmmm, vielleicht ist Suizid für manche in der Familie ein Ausweg, um dem Krieg zu entkommen oder ganz extrem gedacht, sogar, um es den anderen zu zeigen …

MA 4: So schien es mir von außen, als ich mich mit Frau E. unterhielt.

MA 5: Vielleicht ist es aber auch ganz anders, dass Frau E. sozusagen loyal mit denen ist, die nicht mehr leben, dass sie denen nah sein möchte, die sie eventuell als Opfer in dem Kampf sieht, die noch leben als Täter. Vielleicht denkt sie ja, sie will auch leben, will aber nicht zu den »Tätern« gehören. Dann könnte ich mir die Ambivalenz erklären, wie es dazu kommt, dass sie sich an ihren Handgelenken verletzt. Es scheint ein großer innerer Kampf, den sie hierher verlegt haben könnte, damit sie nicht allein damit ist und wir sie unterstützen können.

MA 6: Ich frage mich, was wir tun können und sollen. Frau E. und wir alle sehen, dass es um den nächsten Schritt geht, dass Frau E. allein Ausgang hat, nicht nur in Begleitung. Sie selbst ist ambivalent und wir auch. Ich überlege immerzu, wie wir ein Frühwarnsystem einrichten könnten, wenn Frau E. merkt, dass sie uns als Gefährten in diesem inneren Kampf braucht.

MA 7: Ich sehe bei Frau E. als eine große Ressource, dass sie selbst gekommen ist. Sie weiß, wann sie Hilfe braucht, das hat sie schon zweimal bewiesen, und sie ist sehr aufmerksam und merkt erste Anzeichen einer psychischen Krise. Die Selbstverletzung könnte man ja bei aller Vorsicht auch anders sehen. Sie zeigt uns: »Ich könnte, wenn ich wollte, aber ich tue es nicht so, dass ich daran sterbe …« Ich weiß es nicht, nur so eine Idee …

Die Runde des Teamaustausches wird nach einigen weiteren Wortbeiträgen, ebenso in beschreibendem, hypothetischem und fragendem Stil, beendet und Frau E. wird gebeten, ihre Gedanken und Reflexionen zum Gehörten zu äußern.

Frau E. sagt, sie fühle sich verstanden und gut unterstützt. Sie könne ihre Gedanken und Bedenken wie von außen betrachten und was ihr schwer fiel, selbst in Worte zu fassen, würde endlich ausgesprochen.

Die Vielfalt der einzelnen Beiträge – anders als die Einzeleindrücke in den Bezugspersonengesprächen – schafft bei der Patientin, aber auch bei den Teammitarbeitern ein Klima der Offenheit, der Entspannung und der Deeskalation.

Der weitere Verlauf ist nicht unproblematisch, aber geprägt von zunehmender Eigenverantwortung. Mit Pro- und Kontra-Listen entscheidet sie sich zum Beispiel für eine neue Wohnperspektive. In einem Kooperationsgespräch mit der Betreuerin, Mitarbeitern des vorherigen Betreuten Wohnens und des Wohnverbundes sowie Bezugspersonen des Team kann sie – inzwischen an solche großen Runden gewöhnt – deutlich ihre Wünsche und Pläne formulieren und die einbezogenen Nachbehandler der komplementären Dienste von ihrem Vorhaben überzeugen, so dass diese die Entlassungsvorbereitungen beginnen können.

6.2.5 Verhandeln bei strittigen Behandlungsfragen

Verhandeln über Medikation
Ziel: Schon immer verhandeln Ärzte mit ihren Patienten über Medikation – meist nach pharmakologischen Kriterien wie Bekömmlichkeit, Nebenwirkungen, Symptomreduktion. Das Besondere bei SYMPA ist, dass hier auch nach sozialsystemischen Kriterien über die Medikamenteneinnahme verhandelt wird: Über die Auswirkungen der Einnahme oder Nichteinnahme oder von höheren oder niedrigeren Dosen auf die Beziehungen der Patientin auf Station, in der Familie, in der Arbeit, im Freundeskreis, zum Hausarzt etc. Ziel ist, dass die Patientin ihren eigenen Einfluss auf Medikamentenentscheidungen bewusster wahrnimmt und in der Folge bewusster zu beeinflussen lernt. Dazu hilft es, die meist unbewussten sozialen Indikationen der Medikationsentscheidung zu verdeutlichen: Wem zuliebe oder wem zum Trotz nimmt die Patientin ein Medikament ein oder nicht?

Allgemeines Vorgehen: Die typische Praxis des Medikamenteverhandelns sieht, nachdem eine medizinische Indikation positiv festgestellt ist, so aus:
1. Die zwischenmenschlichen Aspekte der Medikation werden erkundet durch zirkuläre Fragen nach den Reaktionen der Bezugspersonen (»Was würde Ihre Frau tun, wenn Sie nach Entlassung Ihre Medikamente sofort absetzen würden?«), nach den Reaktionen des Patienten auf diese Reaktionen (»Wenn Ihre Frau Ihnen dann mit Scheidung drohen würde – würden Sie das Haldol dann doch wieder einnehmen?«) und nach möglichen Variationen der bisherigen Beziehungsmuster rund um die Medikamenteneinnahme (»Angenommen, wir fänden ein neurologisch nebenwirkungsärmeres Medikament, mit dem Sie

optisch weniger auffallen – würden Sie das Ihrer Frau zuliebe einnehmen?«).
2. Die Station, in aller Regel die Ärztin, macht dem Patienten zunächst klar, welche zwangsläufigen Reaktionen beim Behandlerteam unterschiedliche Patientenentscheidung wie die Einnahme, die Verweigerung oder der Medikamentenwechsel nach sich ziehen würden – von »macht nix« über »Entlassung wegen Nichtkooperation« bis »Zwangsbehandlung«. Sie verdeutlicht zugleich, wie groß der Mitentscheidungsspielraum des Patienten ist und wo er endet – das heißt, welche Medikamentenvarianten mit diesen Behandlern »machbar« sind und welche nicht.

Nach der Diskussion über die Beziehungsfolgen der Medikamenteneinnahme und der Handlungsspielräume des Patienten erfolgt eine Entscheidung, in der soweit wie möglich ein Konsens zu erreichen versucht wird.

Fallbeispiel: Fragen zur Medikamenteneinnahme
(Schweitzer u. Raskopf, 2000)
Herr K. (57 Jahre) hat in den beiden zurückliegenden Jahren je eine paranoid-halluzinatorische Episode durchlitten. Die Mitglieder der Familie K. sind Russlanddeutsche, die seit den 1970er Jahren in Deutschland wohnen. Herr K. arbeitet als Lagerarbeiter, ist wegen seiner Psychose als zu 50 % behindert anerkannt und genießt dadurch erhöhten Kündigungsschutz am Arbeitsplatz. Drei Ärzte (Hausarzt, Nervenarzt und ein guter Freund der Familie) raten zu »langjähriger bis lebenslanger« Medikamenteneinnahme als notwendige Prävention. Herr K. möchte die Neuroleptika wegen Lustlosigkeit, Antriebslosigkeit, Appetitlosigkeit absetzen.
Th.: Sie würden die Neuroleptika gern absetzen, während aber die Tochter und Ihre Frau eher meinten, es wäre gut, die noch weiter zu nehmen?
Herr K.: Ja.
Th.: Frage an Sie (er richtet sich an die beiden Töchter): Von dem, was Sie mit dem Vater erleben: Was erleben Sie denn als gesund, was als krank?
Tochter: Also ich denke, dass er insofern gesund ist, als dass er keinen direkten Schub hat und auch keine Psychose. Aber er ist krank, weil ... er es immer noch nicht akzeptiert.
Th.: Nehmen wir einmal an, Ihr Vater würde das machen, was Sie unter »seine Krankheit akzeptieren« verstehen: Woran würden Sie das dann erkennen?

Tochter: Dann würde er von sich aus zum Arzt gehen und von sich aus sagen, er will seine Medikamente. Und wir müssten ihn nicht dauernd dazu drängen.

Th.: Mhm, Sie hätten also gern, dass der Vater der Einstellung, krank zu sein, Medikamente zu brauchen, zustimmt?

Tochter: Oder dass er sich darüber im Klaren ist, dass es auch für uns nicht leicht ist, mit seiner Krankheit zu leben, aber er sieht nur sich … Sonst würde er sich ein bisschen mehr Mühe geben, sonst würde er auch ein bisschen mehr mit uns reden.

Th.: (zu Herrn K. gewandt) Die Töchter sagen ja, der Vater spricht wenig mit uns. Sehen Sie das auch so oder anders?

Herr K.: Ich sehe es schon so, dass ich zu wenig spreche mit der Familie.

Th.: Und wie würden Sie es erklären?

Herr K.: Das kommt von den Neuroleptika. Auf der einen Seite soll ich Neuroleptika nehmen, auf der anderen Seite soll ich schwätzen wie jeder andere.

Th.: Das heißt, was für die anderen die Lösung ist, ist für Sie das Problem?

Herr K.: Genau! (Im weiteren Verlauf nimmt Herr K. nun regelmäßiger seine Medikamente, Frau und Tochter erleben ihn als gesünder, er selbst vermisst noch den Antrieb.)

Th.: Was müssten Sie denn tun, um Ihren Antrieb ein bisschen herbeizulocken?

Herr K.: Der Wille ist da, bloß fehlt mir etwas. Sind's noch die Tabletten, die ich nehmen soll? Ich weiß nicht.

Th.: Ist denn Ihre Idee, wenn Sie die Tabletten in die Wüste schicken würden, käme der Antrieb herbei?

Herr K.: Mit der Zeit schon.

Th.: Nun ist aber das Problem, wenn Sie jetzt mit den Tabletten aufhören würden, dann würden ja Ihre Tochter und deren Schwiegervater und Ihr Psychiater und einige andere und Ihre Frau denken, es ist eher ein Zeichen, dass alles schlechter wird … Das heißt, möglicherweise haben Sie selbst dann zwar die Idee, mein Antrieb kommt wieder, aber dann lösen Sie ja erhebliche Unruhe in der Familie aus. Das ist das Dilemma, glaube ich.

Herr K.: Ja.

Th.: Welche Möglichkeiten haben Sie denn, wenn Sie die Tabletten nehmen, den Antrieb trotzdem anzulocken? Es scheint ja, als seien Sie ein Mann, der selber bestimmen möchte, wann und wie sein Antrieb und seine Lebenslust wiederkommen (positive Konnotation).

Abschließend bringt der Therapeut seine Bewunderung für die Entwicklungen in der Familie zum Ausdruck: Herr K. habe von Stunde zu Stunde lebhafter gewirkt. Dass er die Regeneration seines Antriebs und seiner Lebenslust weiterhin kritisch beäugt, wird positiv konnotiert: Ein gesunder Pessimismus schütze vor überraschenden, unangenehmen Entwicklungen.

Fragen und Vorgehen beim Verhandeln über Medikamente im Überblick

Zirkuläre Fragen
- nach den Reaktionen der Bezugspersonen: »Was würde Ihre Frau (oder eine andere wichtige Bezugsperson oder jemand aus dem Behandlerteam) tun, wenn Sie Ihre Medikamente absetzen (oder je nach Fall auch einnehmen) würden?«
- nach den Reaktionen des Patienten auf diese Reaktion: »Wenn Ihre Frau ... tun würde, wie würden Sie darauf reagieren?«
- nach möglichen Varianten der bisherigen Beziehungsmuster rund um die Medikamenteneinnahme: »Angenommen, wir finden ein neurologisch nebenwirkungsärmeres Medikament, mit dem Ihre Medikation optisch weniger auffällt – würden Sie das Ihrer Frau zuliebe einnehmen?«

Beendigung des Gesprächs
- positive Konnotation einer eigenständigen Haltung gegenüber der Medikamenteneinnahme als Versuch, selbstbestimmt zu entscheiden und zu handeln
- Zusammenfassung und Verständigung über die Medikationsentscheidung; diese kann am Ende einvernehmlich oder auch im – dann aber klar formulierten – Dissens erfolgen

Verhandeln über Zwangsmaßnahmen
Ziel: Das Verhandeln mit dem Patienten über Alternativen zu stationären Zwangsmaßnahmen soll den Zwangscharakter unvermeidlicher Freiheitseinschränkungen so gering wie möglich, dabei aber so umfangreich wie nötig halten. Wenn Selbst- oder Fremdgefährdung vorliegen, sollen Verhandlungen über die Konsequenzen verschiedener Handlungsoptionen dem Patienten verdeutlichen, dass er/sie eigene Einflussmöglichkeiten auf das Geschehen hat.

Allgemeines Vorgehen: In Selbst- oder Fremdgefährdungssituationen diskutieren die Behandler mit dem Patienten, wie er drohende

Freiheitseinschränkungen auf Station vermeiden oder vermindern kann.

Dieses Verhandeln läuft in etwa so ab:
1. Der Behandler macht dem Patienten klar, welche zwangsläufigen Reaktionen beim Behandlerteam sein selbst- oder fremdgefährdendes Verhalten nach sich ziehen wird – von »macht nix« über »kein Ausgang ohne Begleitung« bis »Fixierung«. Und der Behandler verdeutlicht dem Patienten, wie er diese Reaktionen des Teams durch seine Worte und Taten in den nächsten Minuten oder Stunden selbst mit beeinflussen kann.
2. Der Behandler befragt dann den Patienten zirkulär nach den von ihm als weniger schlimm erlebten Maßnahmen (»Was wäre für Sie die weniger einschneidende Maßnahme?«); ferner nach Bezugspersonen, die ihm auch ohne Freiheitseinschränkungen aus der »Gefahrenzone« heraushelfen könnten (»Gibt es Mitpatienten oder Angehörige, die Sie jetzt wirksam beruhigen könnten?«); und nach Behandlermaßnahmen, die einen beruhigenden Effekt haben könnten (»Angenommen, wir würden Sie auf die Nachbarstation X verlegen, wo der Mitpatient Y Sie nicht mehr bedrängt ... Könnten Sie da mit dem Schreien wieder aufhören?«).
3. Behandler und Patient vereinbaren schließlich in möglichst weitgehender Übereinstimmung das Vorgehen.

Fragen und Vorgehen beim Verhandeln von Zwangsmaßnahmen im Überblick

Nach Behandlungsmaßnahmen, die dem Patienten auch ohne Freiheitseinschränkungen aus der »Gefahrenzone« heraushelfen könnten
- Angenommen, wir würden Sie auf Station X verlegen, auf der Patient Y Sie nicht mehr bedrängt, würden Sie dort mit dem Schreien wieder aufhören?
- Angenommen, wir würden Sie unfixiert lassen und Sie könnten sich in Anwesenheit des Pflegers XY einige Zeit im Ruheraum zurückziehen, könnten Sie sich dann wieder beruhigen?

Nach verhältnismäßig weniger schlimm erlebten Maßnahmen
- Was wäre für Sie eine weniger einschneidende Maßnahme?

Nach Bezugspersonen, die auch ohne Freiheitsbeschränkungen aus der »Gefahrenzone« heraushelfen könnten
- Welche Mitpatienten oder Angehörige könnten Sie jetzt wirksam beruhigen?
- Was würde derjenige, der Sie beruhigen könnte, jetzt tun oder sagen (falls nicht anwesend)?

Verhandeln über die Diagnose(n)
Ziel: Das Gespräch über die Diagnose soll ermöglichen, zusammen mit dem Patienten ein Verständnis »seiner« Diagnose zu entwickeln, mit dem der Patient möglichst viele von ihm gewünschte Lebensgestaltungsoptionen verwirklichen kann (möglichst wenig Reduzierung sozialer Chancen). Das kann auch dazu führen, dass kontextabhängig unterschiedliche Diagnosen kommuniziert werden – zum Beispiel, dass die vom Arzt gegenüber der Krankenkasse kommunizierte (»fachlich korrekte«) Diagnose eine andere ist als die von der Patientin gegenüber ihrem Ehepartner kommunizierte (»der Liebe förderliche«) Diagnose. Wir gehen davon aus, dass Diagnosen – genauer: Kommunikationen über Diagnosen – kontextabhängig ganz verschiedene, oft widersprüchliche Wirkungen haben. Sie ermöglichen oder erschweren die Verständigung zwischen den Fachleuten. Sie sichern oder gefährden die Finanzierung von Behandlungen und Betreuungen. Sie bieten oder entziehen Schutz vor Arbeitsanforderungen und Arbeitsplatzverlust. Sie fördern oder erschweren ein gutes Selbstwertgefühl und soziale Akzeptanz.

Allgemeines Vorgehen: Mit dem Patienten wird gegebenenfalls bereits die Auswahl der Diagnose besprochen (sofern der Diagnostiker dabei einen diagnostischen Entscheidungsspielraum sieht). Besondere Beachtung findet der Umgang mit der zugeteilten psychiatrischen Diagnose. Der Diagnostiker erklärt kurz, warum er die Diagnoseentscheidung getroffen hat: zum Beispiel weil diese am besten die verschiedenen Symptome zusammenfasst; weil sie die Wahl des passenden Medikamentes erleichtert; weil bei dieser Diagnose die Krankenkasse die stationäre Behandlung hinreichend lang finanziert oder der Patient am Arbeitsplatz vor bestimmten Anforderungen besser geschützt ist. Er fragt den Patienten, welche dieser Punkte ihm einleuchtend erscheinen.

Fallbeispiel: Verhandeln über Diagnosen
Eine 38-jährige Chefsekretärin einer großen Firma, Frau M., kommt in die Klinik, da sie, eigentlich eine distinguierte Mitarbeiterin, in der Firma durch inadäquate Überaktivität, ganz ungewöhnlich lautstarkem Rededrang und Ideenflucht aufgefallen war. Sie verhielt sich ihren männlichen Kollegen gegenüber distanzlos und verlor die üblichen sozialen Hemmungen im Umgang mit anderen. In der psychiatrischen Behandlung akzeptiert sie Medikation und Therapievorschläge und gilt schnell als eine zugängliche Patientin. Lediglich der gestellten Diagnose »F30.1 – Manie ohne psychotische Symptome« widerspricht sie heftig. Dazu bespricht der Diagnostiker mit der Patientin folgende Fragen:

- *Wie diagnostiziert sich die Patientin selbst? Und wie gut oder schlecht tut ihr ihre Selbstdiagnose?* Frau M. erklärt, dass sie sich sicher sei, dass es sich bei ihr um ein Überlastungssyndrom handele. Sie habe einfach zu viel gearbeitet, da seien die Sicherungen durchgebrannt. Hier würde sie ja in der Therapie lernen, früher Anzeichen für eine Überlastung zu erkennen, sich besser zu schützen.
- *Was denkt die Patientin über die vom Diagnostiker gestellte Diagnose? Welche Gedanken, Hoffnungen, Befürchtungen löst sie bei der Patientin aus?* Frau M. gibt an, dass, wenn man in der Firma denkt, sie sei verrückt, sie den Job gleich an den Nagel hängen könne.
- *Eventuell berichtet der Diagnostiker kurz, warum er diese Diagnoseentscheidung gut findet – zum Beispiel für die Wahl eines bestpassenden Medikamentes, als Schutz vor überlastenden Anforderungen der Umwelt, für die Verlängerung der Krankenkassenfinanzierung des Aufenthalts) –, und fragt, was davon dem Patienten einleuchtet.* Der Behandler berichtet Frau M., dass sie für die Krankenkasse eine ICD-10-Diagnose benötigt, da »durchgebrannte Sicherungen« nicht zum offiziellen Indikationsspektrum der psychiatrischen Behandlung gehören. Nun wäre es gut, eine solche Diagnose für den Aufenthalt zu nutzen, andernfalls würde sie wahrscheinlich sehr bald entlassen werden müssen.
- *Wie werden wichtige Teile der sozialen Umwelt – Partner, Eltern oder Kinder, Arbeitgeber und Kollegen, Gericht, Rentenversicherung – auf diese Diagnose reagieren?* Frau M. entscheidet sich für die »Krankenkassendiagnose F30.1« und für die Arbeitskollegen für die Diagnose »Überlastungssyndrom«.
- *Wieweit kann der Patient mit der Diagnose der Diagnostikerin »gut leben«? Welche positiven Nebenwirkungen (»neue Chancen«) und wel-*

che negativen Nebenwirkungen (»Einschränkungen«, »Stigma«) hat sie für den Patienten? Je nach Ergebnis kann der Diagnostiker eventuell seine Entscheidung noch einmal überdenken.
- Wie soll über die Diagnose kommuniziert werden? Was soll der Diagnostiker wem (nicht) mitteilen? Was will der Patient wem (nicht) mitteilen?

Fragen und Vorgehen beim Verhandeln über Diagnosen im Überblick

Wirklichkeitsfragen: Wer diagnostiziert was?
- Wie diagnostiziert sich der Patient selbst und wie gut oder schlecht bekommt ihm diese Selbstdiagnose?
- Welche Gedanken, Hoffnungen, Befürchtungen löst die Diagnose des Arztes beim Patienten aus?

Zirkuläres Fragen: Über Diagnosen sprechen oder schweigen?
- Inwiefern kann der Patient mit der Entscheidung des Diagnostikers gut leben?
- Was soll der Diagnostiker wem (nicht) mitteilen?
- Was will der Patient wem (nicht) mitteilen?

Problem- und lösungsorientierte Fragen: Wozu nützen und was behindern Diagnosen?
- Welche positiven Nebenwirkungen hat die Diagnose? (neue Chancen?)
- Welche negativen Nebenwirkungen hat sie? (Einschränkungen, Stigma?)
- Angenommen, die Diagnose könnte verändert werden, welche kleine Veränderung würde sie für den Patienten »lebbarer« machen?

6.3 SYMPA-Interventionen zum Behandlungsende

Die Entlassung aus der Klink stellt für die Patienten einen Übergang oder Systemwechsel dar. Um diesen Übergang möglichst gut vorzubereiten und den Weg in ein Leben außerhalb der Klinik zu ebnen, haben sich einige systemisch-familientherapeutische Interventionen bewährt. Zentral am Ende des Aufenthalts ist der Kontakt mit Nachbehandlern und dem sozialen Umfeld des Patienten. Vor der Entlassung sollte unbedingt ein Gespräch mit diesen für den Patienten relevanten Personen stattfinden. Wenn irgend möglich, sollte ein persönliches Zusammentreffen angestrebt werden, aber auch ein Gespräch per Telefon kann hilfreich sein.

Bei sogenannten »Drehtürpatienten« hat sich eine Verhandlung über eine eventuelle Wiederaufnahme (Behandlungsverträge für den Fall künftiger Akuteinlieferungen) bewährt. Außerdem sollte allen Patienten die Möglichkeit gegeben werden, den eigenen Entlassbrief zu lesen und auf Wunsch auch daran mitzuwirken. Dadurch wird dem Patienten eine weitere Gelegenheit gegeben, über die Diagnose zu verhandeln und deren lebenspraktische Implikationen mit dem Behandler zu diskutieren.

6.3.1 Familiengespräch/Kooperationsgespräch vor Entlassung

Ziel: Systemische Familiengespräche bzw. Kooperationsgespräche mit dem sozial relevanten Umfeld des Patienten zum Ende der Behandlung sollen dazu beitragen, dass aus dem Behandlungsverlauf gewonnene Ideen darüber, wie jeder Einzelne zu dem Entstehen und dem Aufrechterhalten des Problemkreislaufes beigetragen hat oder beiträgt, für die Zukunft genutzt werden. Frühere und jetzige Kommunikationskreisläufe können daraufhin betrachtet werden, wie die Beteiligten zu Veränderungen, Lösungen, Problemverlagerungen oder Chronifizierung beitragen können. Der depressive Vater, den die Familienmitglieder sehr schonen, ist nun wieder aktiver. Welche guten Gründe gäbe es nach seiner Entlassung ihn zu schonen oder nicht, welche Folgen könnte das eine oder andere Verhalten der Familienmitglieder haben?

Bei Gesprächen zum Behandlungsende ist die Rückfallprophylaxe, die Reflexion der zu Beginn festgelegten Ziele und gegebenenfalls die Frage nach der Weiterbehandlung zentral.

Allgemeines Vorgehen: Auch am Ende der Behandlung geht es um die subjektiven Erklärungen der Familie, um Hypothesen, wie sich das Problem entwickelt oder gelöst hat, welche Notwendigkeiten im Umgang miteinander jeder daraus ableitet und welche Kreisläufe sich daraus ergeben.

Fallbeispiel: Ein Familiengespräch
Frau R. ist eine 43-jährige Patientin, die wegen einer paranoid halluzinatorischen Psychose seit vier Monaten in stationärer Behandlung ist. Der Ehemann war verwitwet und hat zwei Töchter mit in die Ehe gebracht. Es gibt einen vierjährigen gemeinsamen Sohn.

Veränderungsexploration
Th.: Nun stehen Sie, Frau R., fast unmittelbar vor dem Entlassungstermin, wie sehen Sie denn die Veränderungen der letzten Monate? Wie hat sich das Problem verändert?
Frau R.: Zuerst mal habe ich wieder viel mehr Bodenhaftung, ich sehe wieder klarer, was um mich herum geschieht, und kann deshalb gelassener mit allem umgehen.
Herr R.: Ja, das sehe ich auch so, aber es ist auch schwierig, weil du dir manchmal zu viel zumutest.
Frau R.: Was heißt zu viel, wenn ich die Kinder auch wieder erziehen will, nennst du das zu viel?
Th.: Wie sieht das denn aus, wenn Sie die Kinder wieder »miterziehen«, wie Sie es nennen? Und was, glauben Sie, meint Ihr Mann, wenn er sagt, es sei zu viel?

Im weiteren Gespräch zeigt sich, dass es zwischen dem Paar auch schon vor der Psychose Konflikte darüber gab, wie stark sich Frau R. in die Erziehung der beiden Töchter aus erster Ehe einmischen darf. Mit der Erkrankung war dies zunächst kein Thema, nun taucht es erneut auf. Herr R. würde gern den Zustand noch etwas beibehalten, Frau R. möchte mehr Einfluss und Mitsprache.

Kontextualisierung der Veränderung oder des noch bestehenden Problems
Th.: Würden Sie sagen, dass die Symptome ganz weg sind, oder treten sie da und dort noch in anderer Form auf?
Frau R.: Eigentlich sind sie weg, diese Gedanken, dass alles um mich herum nicht stimmt, dass sich alle verschworen haben und ich niemandem trauen kann. Aber wenn mein Mann mit seinen Töchtern in dieser Art umgeht, wo ich gar nicht richtig reinschauen kann, dann kommt manchmal wieder das alte Misstrauen, die reden über mich.
Herr R.: Ich merke das auch, dann ist meine Frau so unzugänglich. Oder sie sagt in einem speziellen Tonfall: »Was klüngelt Ihr denn da wieder aus?« Ich werde manchmal auch fast paranoid, wenn ich denke, dass sie denkt, wir reden über sie.

Die verstorbene Frau von Herrn R. war ein Konfliktthema in der jetzigen Ehe. Frau R. fühlte sich oft ausgeschlossen und zurückgesetzt. Mit der Psychose hatte Herr R. seiner Frau Zuwendung und Loyalität zeigen können, er selbst fühlte sich aber auch entlastet, weil er zu Hause die Entscheidungsverantwortung hatte – also die oft schwierigen Aushandlungsprozesse zwischen den beiden Partnern weggefallen seien. Mit der Entlassung stehen die Aushandlungen über gemeinsame und getrennte Entscheidungsräume wieder neu an.

Problem- und Lösungshypothesen
Th.: Wie erklären Sie sich die Veränderung, das Verschwinden der Symptome?
Frau R.: Ich glaube, dass wir in der Familientherapie viel gelernt haben, wie wir mit der Trauer um die verstorbene Frau meines Mannes umgehen, wie die Kinder ihrer Mutter treu bleiben und doch mit mir auskommen. Das war ja vorher alles unklar und mich hat das Verdeckte, das Unausgesprochene verrückt gemacht.

Hypothetische Fragen zur Rückfallprophylaxe
Th.: Wenn Sie Ihre Psychose hin und wieder mal einladen wollten, wie könnten Sie das am besten machen?
Frau R. (lacht): Ja, ich müsste mir sagen, dass ich sowieso nie so perfekt sein werde, wie sie es war … und müsste alle gelebten Gemeinsamkeiten mit den Kindern und meinem Mann ausblenden.
Th.: Wenn Sie ab und zu mal so tun wollten, als wären Sie wieder psychotisch, ohne es zu sein, wie würden Sie sich verhalten?
Frau R.: Ich würde Vorwürfe und Anschuldigungen äußern, würde alles kontrollieren und mich aus dem Kontakt zurückziehen. Dann würden die anderen gleich merken, es stimmt was nicht. – Na ja, das könnte ja auch mal wieder vorkommen, dass ich misstrauisch bin, wenn wir Streit haben oder so. Dann bin ich nicht gleich psychotisch, aber man muss sich manchmal auch schützen, auch in der Familie. Aber wie gesagt, das sind Ausnahmen!

Beendigung des Gesprächs
Th.: Es ist beeindruckend, wie Sie sich alle fünf auf den Weg gemacht haben, eine Brücke zwischen der alten und der neuen Familiengeschichte zu bauen. Sie, Frau R., lassen mehr Raum für die Themen, die Vater und Töchter verbinden, Sie, Herr R., haben einmal gesagt, sie hätten ein differenzierteres Gefühl für »beide Systeme« bekommen. Wir gratulieren zu den Veränderungen, möchten Sie aber auch vor zu viel des Guten warnen: Nicht nur die Harmonie, sondern auch das gelegentliche Zweifeln, das Misstrauen hat sich als Schutz vor Enttäuschung

bewährt. Schicken Sie diese nicht ganz in die Wüste, sondern eher mal auf Urlaub und würdigen sie als (vielleicht ausgediente) Schutzmechanismen.

Schließlich verabschiedet man sich in diesem Fall mit dem Angebot eines Nachschautermins in sechs Monaten, das die Familie gern annimmt.

Fragen und Vorgehen bei Familiengesprächen vor der Entlassung im Überblick

Kontextbezogene Veränderungsexploration:
Was hat sich verändert während der stationären Behandlung?
- Wo stehen die Beteiligten aus ihrer Sicht am Ende der Behandlung hinsichtlich des Problems/der Probleme?
- Was hat sich verändert?
- Worin zeigt sich diese Veränderung?
- Wo, wann und wem gegenüber wird das Symptom/Problem weniger/nicht mehr/immer noch/mehr als zuvor gezeigt?
- Wie erklären sich die Beteiligten die Veränderung, das Verschwinden oder das Fortbestehen des Problems/Symptoms?

Hypothetische Fragen zur Rückfallprophylaxe
- Wenn Sie Ihre Psychose hin und wieder mal einladen wollten, wie könnten Sie das am besten machen?
- Wenn Sie ab und zu mal so tun wollten, als wären Sie wieder depressiv, ohne es zu sein, wie würden Sie sich verhalten?

Beendigung des Familiengesprächs
- Zusammenfassung: Würdigung des Engagements aller Beteiligten und des Erreichten, Hervorheben der Veränderungen, Warnen vor zu viel, vor mehr oder weitergehenden anderen Veränderungen
- verschiedene Angebote für die Zukunft (Nachschautermin, Verabschiedung, neue Vereinbarungen im ambulanten Rahmen u. a.)

6.3.2 Kontakte mit Nachbehandlern

Ziel:
1. Abstimmung der Behandlung zwischen Klinik, niedergelassenen Ärzten, ambulanten und stationären Versorgungseinrichtungen, gesetzlichen Betreuern und anderen;

2. Herstellung möglichst guter Behandlungskontinuität für die Patienten;
3. Feedback an das Klinikteam über seine Behandlung.

Wenn die Klinikmitarbeiter während der Entlassungsphase Kontakt zu den Nachbehandlern aufnehmen, können deren Aufträge mit berücksichtigt und mit dem Patienten verhandelt werden. Für den Patienten entsteht mehr Kontinuität, jedoch muss auch hier die Entscheidungshoheit des Patienten berücksichtigt werden.

Die Klinik steht in einem kontinuierlichen Kontakt zu den Nach- und Vorbehandlern und kann darüber immer wieder Feedbackschleifen zu ihrer Art der Kooperation einholen.

Allgemeines Vorgehen: In der Entlassungsphase wird mit dem Patienten die Idee besprochen, dass die Klinikmitarbeiter Kontakt zu den Nachbehandlern aufnehmen. Wenn der Patient zustimmt, werden Themen aus Sicht des Patienten und der Klinik gesammelt, ein Telefongespräch oder Besuch vereinbart.

Die Klinikmitarbeiter erläutern das Fallverständnis und die Behandlungspraxis der Klinik sowie den Behandlungsverlauf; andererseits erkundigen sie sich nach Meinungen, Fragen und Plänen der Nachbehandler. Dabei geht es auch darum zu erkunden, was beide Seiten zu einer befriedigenden Kooperation benötigen.

Fallbeispiel: Der Kontakt mit Nachbehandlern
Frau S. wird immer wieder in psychotischen Krisen, die durch selbstinitiiertes Absetzen der neuroleptischen Medikation verursacht wurden, in der Klinik behandelt. In Gesprächen und Verhandlungen über die Medikation wird deutlich, dass Frau S. einen begleiteten Absetzversuch der Neuroleptika wünscht, dass sie die Erkrankung als solche für sich nicht akzeptiert hat und immer über Nebenwirkungen der Medikation klagt. Der Klinikarzt, der eher für eine Umstellung der Medikation plädiert hatte, lässt sich auf diesen Wunsch von Frau S. ein, vorausgesetzt, der nachbehandelnde Nervenarzt trägt dies mit.

Im Beisein der Patientin wird ein Telefongespräch mit dem Nervenarzt geführt. Hier wird schnell eine Übereinstimmung zwischen Nervenarzt und Klinik deutlich: Auch der Nachbehandler sieht das vorrangige Problem in der mangelnden Medikamenten-Compliance der Patientin und sucht eine befriedigende Gesamtbehandlungsstrategie. Der Klinikarzt schildert, dass die Patientin einen begleiteten und kontrollierten Absetzversuch der Neuroleptika wünscht und die Klinik diesem Begehren gern nachkommen möchte. Dafür sei eine Unterstützung durch den Nervenarzt wegen der ambulanten Folgebehandlung aber unbedingt erforderlich. Beide einigen sich gemeinsam mit Frau S. darauf, diesen Absetzversuch für einen Zeitraum von drei bis vier Monaten in Kooperation »durchzuziehen«. Alternativ wird bei Scheitern des Versuches die Umstellung auf ein besserverträgliches Medikament vereinbart.

Nach etwa zehn Wochen kommt es, nach vorheriger Ankündigung durch den Nervenarzt, zu einer erneuten Wiederaufnahme in Folge eines psychotischen Rückfalls. Nach dieser Erfahrung erklärt sich Frau S. nun absprachegemäß zur Neueinstellung auf ein atypisches Neuroleptikum bereit, was ohne Komplikationen erfolgt.

6.3.3 Verhandeln über Behandlungsvereinbarung für künftige Wiederaufnahmen

Ziel: Dem Patienten sollen Mitwirkungsmöglichkeiten und Selbstbestimmung für eine potentielle zukünftige Wiederaufnahme in akutem Zustand von Selbst- oder Fremdgefährdung eröffnet werden.

Allgemeines Vorgehen: Wenn wiederholte, unvorbereitete Aufnahmen, in denen der Patient nicht verhandlungsfähig war, bereits in der Geschichte des Patienten vorkamen, wird ihm eine Behandlungsvereinbarung für den Fall einer erneuten Aufnahme angeboten. Diese Vereinbarung wird von den Beteiligten in der Klinik und dem Patienten unterschrieben und bei den bisher erfahrungsgemäß Beteiligten hinterlegt.

Bei einer Wiederaufnahme soll diese Vereinbarung dabei helfen, die Einweisung in die Klinik, auch wenn sie gegen den Willen des dann akut eingelieferten Patienten geschieht, möglichst nah an seinem Willen zu orientieren.

Konkrete Schritte: Die Behandlungsvereinbarung wird am Ende der Behandlungszeit oder nach Entlassung gemeinsam erstellt und beinhaltet schriftliche Informationen über kritische Themen einer Wiederaufnahme, dazu gehören häufig:

- die *Art des Umgangs*: Wie soll man bei Wiederaufnahme mit dem Patienten umgehen, wie auf keinen Fall?
- die *Medikation*: Was verträgt der Patient besonders gut, was gar nicht?
- der *Unterbringungsort*: Auf welche Station und in welche Klinik will die Patientin, in welche nicht?
- *Kontaktpersonen*: Wer soll informiert werden, wer nicht?

Zum Schluss wird die Vereinbarung von den Beteiligten unterschrieben.

Fallbeispiel: Verhandeln über Behandlungsvereinbarungen
Die Patientin Frau H. wird jedes Jahr mindestens fünf bis sechs Mal in der Klinik aufgenommen, teilweise selbst initiiert, teilweise vom Ehemann gebracht, teilweise vom Nervenarzt eingewiesen. In diesen akuten Krisen zeigt sie immer starkes selbstverletzendes Verhalten oder suizidale Tendenzen. Schwierig wird es immer, wenn Frau H. entlassen werden soll, weil sie nur geringe Rückkehrmotivation zeigt. Die Hypothese des Behandlerteams ist, dass Frau H. immer dann in die Klinik kommt, wenn der Beziehungsstress mit ihrem Mann zu drückend wird und eine chronische Anspannungssituation in ihrem Lebensalltag bewirkt, aus der sie flüchten muss.

Mit Frau H., ihrem Ehemann und ihrem behandelnden Nervenarzt wird durch Verhandlung mit allen Parteien für künftige Wiederaufnahmen folgende Verabredung getroffen: Wenn Frau H. merkt, dass das Spannungsgefühl, welches zum selbstverletzenden Verhalten führt, zunimmt, wendet sie sich an ihren behandelnden Nervenarzt, dieser überweist Frau H. dann zunächst für ein Vorgespräch in die Klinik. Zu diesem sollte wenn möglich auch der Ehemann mitkommen. In diesem Gespräch wird vor einer potentiellen Klinikaufnahme zunächst gemeinsam nach einer Alternative zur stationären Behandlung gesucht. Falls Frau H. nach dem Ausprobieren der besprochenen Alternativen dann immer noch einen Aufenthalt in der Klinik wünscht, wird direkt im Aufnahmegespräch die Dauer der Behandlung verhandelt und festgelegt.

Durch dieses schriftlich fixierte »Abkommen« schafft es Frau H. immer besser, die Frühanzeichen des selbstverletzenden Verhaltens zu erkennen, und muss demzufolge immer seltener akut in die Klinik aufgenommen werden. Sie greift immer häufiger auf Alternativen zur stationären Behandlung zurück, zum Beispiel auf Ablenkungsmaßnahmen wie »spazieren gehen mit dem Hund«, Wohnung reinigen, Kontaktpflege mit Freundinnen oder ehemaligen Mitpatienten oder auch Teilnahme an der ambulanten

Ergotherapie. Wenn sie doch aufgenommen wird, kann sie sich nun besser auf eine vorher gemeinsam festgelegte, begrenzte Behandlungszeit und auch auf eine den aktuellen Beschwerden angepasste Behandlungsstrategie einlassen, in der dann nicht mehr wie vorher ihre gesamte Lebensproblematik, sondern nur noch einzelne Themen im Fokus der Behandlung stehen.

Inzwischen muss Frau H. nur noch sehr selten in stationäre Behandlung kommen, die meisten ihrer Probleme lassen sich im ambulanten Therapiesetting bearbeiten und lösen.

6.3.4 Entlassbrief: Lesen lassen, bedarfsweise Gespräch darüber

Ziel: SYMPA will dem Patienten die Kenntnis, auf Wunsch auch die Mitwirkung am Entlassbrief ermöglichen. Ziel ist es, das Erleben zu stärken, dass er auf die über ihn zirkulierenden Kommunikationen einen Einfluss ausüben kann – sofern er dies will.

Der Patient lernt die Sichtweisen der Behandler der Klinik kennen und kann sich damit auseinandersetzen. Er kann andere Sichtweisen mit einbringen oder Richtigstellungen vornehmen. Diese Auseinandersetzung kann ähnlich wie eine therapeutische Intervention wirken.

Allgemeines Vorgehen:
- Es wird in der Klinik eine sehr kurze, zeitökonomische Prozedur des Entlassbrief-Schreibens entwickelt, die es im Regelfall ermöglicht, dass der Patient spätestens am Tag der Entlassung diesen Brief einsehen kann. Besonders interessant ist die Einschätzung der Behandler über die Erkrankungsgeschichte, über Ursachen und Wechselwirkungen und über den Verlauf des Aufenthalts in der Klinik. Alle anderen Informationen, die der nachbehandelnde Arzt über Medikation usw. benötigt, können, falls die Zeit drängt, noch angefügt werden, wenn der Patient entlassen ist. Wesentlich ist der Austausch über die Sichtweisen, die sowohl bei dem Patienten als auch bei den Behandlern Denkanstöße und Korrekturen anregen können.
- Der Entlassbrief oder eine Stichwortsammlung der wichtigsten Inhalte sollte bei einem der letzten Gespräche vor der Ent-

lassung, spätestens beim Entlassgespräch vorhanden sein. Der Brief oder die Stichpunkte werden mit dem Patienten besprochen. Der Patient kann seine eigene Sichtweise einbringen und diese wird als solche gekennzeichnet in den Brief aufgenommen. Patient und Behandler sprechen über Gemeinsamkeiten und Unterschiede der Sichtweisen und deren Zustandekommen. Es wird darüber verhandelt, falls der Patient Veränderungen wünscht, welche möglich sind, welche nicht und warum.
- Dem Patienten wird routinemäßig angeboten, dem Briefschreiber Ergänzungs- oder Veränderungswünsche mitzuteilen. Diese werden als Veränderungen im Text (bei Einigung) oder als Sondervoten darunter (bei Nichteinigung) aufgenommen.
- Falls die Klinikpolitik dies erlaubt, kann der Patient bestimmen, ob er den Entlassbrief selbst mitnimmt und ob weitere Exemplare an Nachbehandler versandt werden.

Beendigung des Gesprächs über den Entlassbrief:
- Zusammenfassung des Besprochenen und Aufklärung über den weiteren Weg des Briefes;
- Aushändigung oder Ankündigung, den Brief zu versenden (wenn möglich und gewünscht und wenn eine Einverständnis erzielt wurde);
- Ergänzung und Kennzeichnung als Meinung des Patienten.

Fallbeispiel: Lesen des Entlassbriefes
Frau W., eine Patientin Mitte 40 und durch vorherige, meist längere Behandlungsepisoden bereits bekannt, wird nach einem Suizidversuch eingewiesen.

Auszug aus einem fiktiven Entlassbrief: »[...] so war auch diese Behandlung geprägt von der Ambivalenz zwischen vertrauensvoller Zuwendung und abwehrender Distanz. Im letzten Drittel ergab sich eine beeindruckende Wendung, da sich Frau W. entschied, gemeinsam mit ihrem Bezugspfleger Herrn V. das Thema Abschied nehmen und Verlassenwerden zu besprechen. Frau W. konnte in dieser Arbeit viele Bezüge herstellen zu den dramatischen Verlusten in ihrer Kindheit und Jugend. Anhand der Genogrammarbeit wurde deutlich, dass sie im Laufe der Jahre durch viele Krisen gereift ist, in denen es immer wieder um schmerzliche Entscheidungen ging. Sie hat gelernt, sich nicht mehr in der Verzweiflung einer Entweder-oder-Logik zu verfangen, die sie früher mehrmals dazu veranlasste, die Lösung in einem Suizidversuch zu suchen. Sie kann klarer mit Kritik und Konflikten auf der Station umgehen und hat ihre selbstverletzenden Handlungen sehr reduziert, aber noch nicht ganz damit aufgehört. Aus unserer Sicht bedarf es hier noch einer weiteren therapeutischen Arbeit, weil die Selbstverletzungstendenz immer wieder steigt, wenn sich starke Drucksituationen aufbauen.«

Th.: Was denken Sie über den Inhalt des Briefes?

Frau W.: Ich bin ja ganz überrascht und erfreut, dass Sie mich so sehen, dass ich so viel geschafft habe. Ich denke auch, dass ich klarer mit Konflikten bin, ich mache mich nicht gleich selbst nieder. Nur eins, das stimmt nicht so, ich habe die Selbstverletzung voll im Griff. Ich mache ja kaum noch was, das soll da nicht drin stehen.

Th.: Nun, die Stationsmitarbeiter berichten, dass Sie sich die Arme zwar nicht mehr ritzen, aber dafür ganz stark kratzen. Worin sehen Sie denn den Unterschied?

Frau W.: Ich finde das ist keine Selbstverletzung mehr, das ist, weil es so juckt vom Verheilen, da muss ich manchmal so kratzen.

Th.: Wie erklären Sie es sich, dass die Mitarbeiter auf Station denken, Sie würden sich noch selbst verletzen?

Frau W.: Weiß ich nicht, vielleicht können die das einfach nicht unterscheiden, die haben halt noch das alte Bild von mir.

Th.: Angenommen, Sie wollten eine kleine Änderung an Ihrem Verhalten vornehmen, damit die Mitarbeiter die Chance haben, ein neues Bild zu entwickeln, wie könnte diese Veränderung aussehen?

Frau W.: Ich könnte ja mal nach einer Salbe gegen den Juckreiz fragen, dann wüssten die vielleicht, dass ich mich nicht kratze, wie früher das Ritzen.

Nach einigen gemeinsamen Überlegungen wird in den Brief aufgenommen: »Aus unserer Sicht bedarf es hier noch einer weiteren therapeutischen Arbeit, weil die Selbstverletzungstendenz immer wieder steigt, wenn sich starke Drucksituationen aufbauen. Frau W. sieht sich selbst nicht mehr in Gefahr, sich selbst zu verletzen. Sie habe andere Lösungswege gefunden, mit Drucksituationen umzugehen, und das von Mitarbeitern beschriebene Kratzen sei dem Heilungsprozess geschuldet.«

Th.: Wir werden also Ihre Sicht und die Sicht der Mitarbeiter mit aufnehmen. Gibt es sonst noch Anmerkungen von Ihnen?

Frau W. ist ansonsten mit dem Brief sehr einverstanden. Sie ist ganz erstaunt und zugleich hocherfreut, weil sie den, sonst allgemein als geheim eingeschätzten, Brief einsehen darf und zudem eine Veränderung, die ihr wichtig war, tatsächlich aufgenommen wurde.

Schließlich stellt das gemeinsame Lesen des Entlassbriefes eine Würdigung des Aufenthalts dar, auch wenn im Einzelfall dies nicht immer von Erfolgen handelt. Wenn wir uns den Verlauf einer Behandlung aus einer nicht wertenden Position heraus gemeinsam reflektieren, wird das Bemühen jedes Patienten, mit sich und seinem Leben »irgendwie zurechtzukommen« anerkannt. Wie nützlich und zielführend diese Bemühungen im Einzelnen waren, was sich stattdessen eher anbieten könnte, kann dann auch mit dem Patienten besprochen werden.

Fragen und Vorgehen bei Entlassbriefgesprächen im Überblick

Unterschiedsfragen
- Welchen Formulierungen im Entlassbrief stimmt der Patient zu, welchen widerspricht er?

Zirkuläre Fragen
- Was denkt der Patient, wie die Formulierungen im Entlassbrief zustandekommen?
- Welche Verhaltensweisen des Patienten könnten die Behandelnden zu dieser Einschätzung veranlasst haben?
- Was hat aus Sicht des Patienten das Behandlerteam dazu beigetragen, dass er sich so und nicht anders verhielt?

Problem- und Lösungsfragen
- Wie könnte der Patient außerhalb der Klinik, in der Familie oder beim niedergelassenen Psychiater die gleiche Einschätzung hervorrufen?
- Was müsste sie/er tun, damit er/sie dort anders wahrgenommen wird?

Beendigung des Entlassgespräches
- Zusammenfassung des gefundenen Konsenses oder Festhalten der unterschiedlichen Sichtweisen, Mitgeben des Briefes oder Ankündigen, wann der Brief wem zugeschickt wird

6.4 Die Dosierung von SYMPA im Stationsalltag

Das Handbuch ist gedacht als ein Manual – in Stationsteams mit acht bis fünfzehn Mitarbeitern und oft nicht unbeträchtlicher Personalfluktuation unerlässlich als gemeinsame Basis. Es beschreibt, was warum und wie getan werden soll. Es gibt nicht den genauen

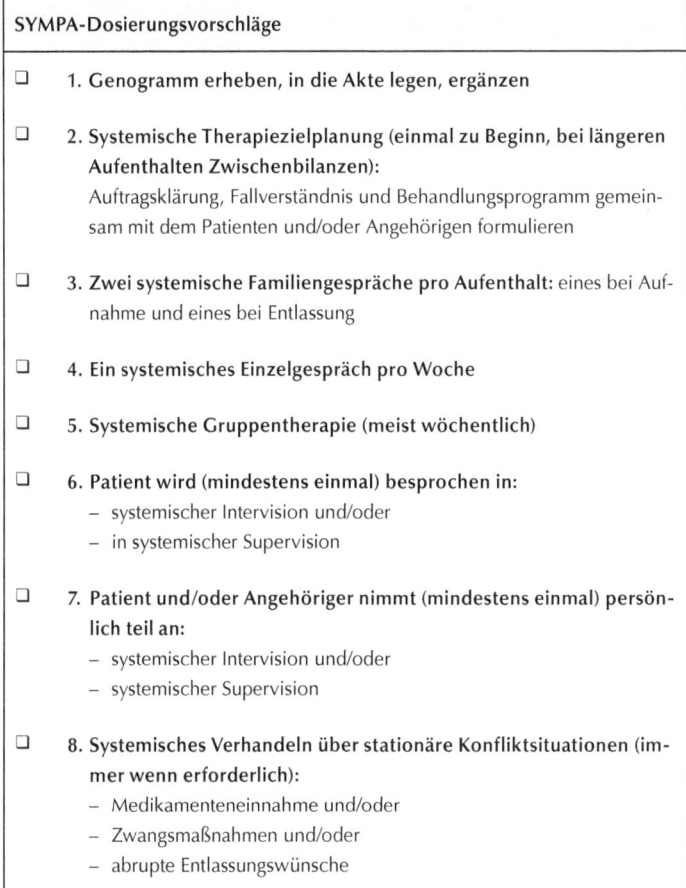

Abbildung 6: Dosierungsvorschläge für den Stationsalltag

Zeitpunkt jeder Intervention vor. Es schreibt auch nicht vor, dass jede Intervention mit jedem Patienten gemacht werden soll. Das würde der situations- und bedürfnisorientierten systemtherapeutischen Arbeitsweise widersprechen. Es wäre auch personell nicht machbar – die Projektstationen müssen mit gleichbleibenden oder schrumpfenden Mitarbeiterzahlen arbeiten.

So hat diese Zusammenstellung eher den Charakter einer Dosierungsanleitung, mit der wir die aus unserer Sicht wünschenswerte

Anwendung vermitteln. Die Dosierungsanleitung (Abbildung 6) ist entstanden als Kompromiss im stationären Versorgungsalltag zwischen dem von uns Angestrebten und dem Machbaren. Auf den Stationen kann dies auch als Übersicht über die systemischen Interventionen genutzt werden, die einem Patienten schon zuteil wurden.

7 Wissenschaftliche Evaluation des SYMPA-Projekts

7.1 Vorbemerkungen

Das SYMPA-Projekt wurde seit seinem Beginn im November 2002 durch eine intensive qualitative und quantitative Forschung begleitet (Abbildung 7). Dieser lagen immer zwei grundsätzliche Fragestellungen zugrunde (Schweitzer u. Grünwald, 2003):
1. Wie wirken sich systemisch-familientherapeutische Methoden auf die Qualität der Versorgung von Patienten aus und welchen Einfluss hat die Anwendung dieser Methoden auf die wahrgenommene Arbeitssituation der Mitarbeiter (*Evaluationsperspektive*)?
2. Wie lassen sich systemtherapeutisches Denken und systemisch-familientherapeutische Methoden unkompliziert, zeitökonomisch und kooperationsfördernd in den klinischen Arbeitsabläufen verankern? Welche Methoden bewähren sich im Stationsalltag, welche sind nur schwer umzusetzen und warum (*Organisationsperspektive*)?

Im Laufe des Projekts entstand eine ganze Reihe von wissenschaftlichen Arbeiten die sich, je nach Perspektive (Evaluation, Organisation oder beides), dem Projekt und dessen Auswirkungen auf

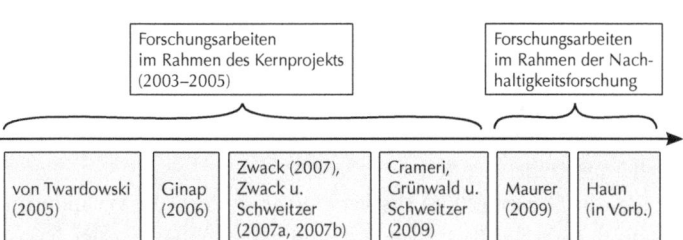

Abbildung 7: Zeitliche Verortung der wissenschaftlichen Arbeiten im Rahmen des SYMPA-Projekts

den Stations- und Klinikalltag auf ganz unterschiedliche Arte nähern. Eine weitere Unterteilung der Forschung entsteht durch die zeitliche Verortung der Arbeiten im Projekt:
1. Forschung im Rahmen des Kernprojekts (2003–2005),
2. Nachhaltigkeitsforschung (2006–2008).

Je nach Zeitpunkt unterscheiden sich auch die Fragestellungen der Arbeiten. In diesem Kapitel werden die wichtigsten Ergebnisse der SYMPA-Forschung in chronologischer Reihenfolge kurz und anschaulich dargestellt. Für detaillierte Berichte über Vorgehen und Methoden verweisen wir auf die entsprechenden wissenschaftlichen Publikationen.

7.2 Implementierung und Wirksamkeit

Zunächst konnte Joachim von Twardowski (2005) in seiner Masterarbeit im Rahmen jeweils vierwöchiger teilnehmender Beobachtungen durch externe Beobachter mit standardisierter Beobachtungsliste auf allen Projektstationen von 2003 bis 2005 einen signifikanten Anstieg sowohl der Häufigkeit als auch der absoluten Dauer aller *therapeutisch-beraterischen Gespräche* mit Patienten überhaupt – bei konstanten Belegungszahlen und gleichbleibender personeller Ausstattung – feststellen. Dieser Effekt betraf im Detail die Einzelgespräche mit den Patienten wie auch Gespräche mit externen Kooperationspartnern (z. B. Berufsbetreuern, Mitarbeiter von Vor- oder Nachbehandlungseinrichtungen), auch die Zahl der Familiengespräche stieg an, wenn auch weniger stark als die Gespräche mit sonstigen Kooperationspartnern. Seltener als zuvor hingegen wurden Gespräche mit Angehörigen in Abwesenheit des Patienten beobachtet (Abbildung 8). Dieser Befund kann als Bestätigung unserer Zielsetzung, »*mit* dem Patienten, nicht *über* ihn zu sprechen«, gesehen werden, das hatten wir auch angestrebt.

Claudia Ginaps (2006) Dissertation analysierte die Veränderungen in der Art der Gesprächsführung mittels eines Vergleichs von Videoaufnahmen von Einzel- und Mehrpersonengesprächen im Jahr 2003 und 2005. Hier war unsere Frage: Wird die Gesprächs-

Implementierung und Wirksamkeit 135

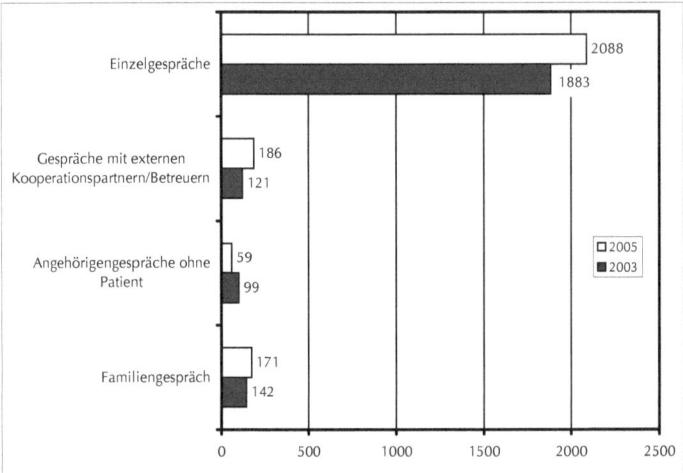

Abbildung 8: Vergleich der Zahl der Gesprächskontakte 2003 (vor der Weiterbildung) und 2005 (danach) während eines vierwöchigen Beobachtungszeitraums auf sechs akutpsychiatrischen Stationen

führung nach der Weiterbildung »systemischer«, das heißt, werden die vermittelten Gesprächsführungskonzepte auch praktisch umgesetzt? Die Einstufung der Videosequenzen erfolgte anhand eines von uns weiterentwickelten »Ratingverfahren Systemische Therapie – Akutpsychiatrie« (RST-SYMPA). 12 Items wurden als Operationalisierung von neun Grundprinzipien systemischer Gesprächsführung erhoben: Auftragsklärung, Zielorientierung, Lösungsorientierung, Ressourcenorientierung, positive Umdeutung, Zirkularität, Neutralität, Verhandlungskultur und Transparenz. Das RST-SYMPA basiert auf dem Ratinginventar lösungsorientierter Interventionen (Honermann, Müssen, Brinkmann u. Schiepek, 1999). Es wurden 250 zweiminütige Videosequenzen aus insgesamt 158 aufgezeichneten Gesprächen zufällig ausgewählt und durch unabhängige Rater daraufhin analysiert, wie viele systemische Gesprächsführungselemente darin von den Behandlern praktiziert wurden. (Ob dies auch gut gemacht wurde, also einfühlsam, treffend formuliert etc., konnte mit dieser Methode nicht untersucht werden, sondern lediglich, ob es stattfand und wie oft.) Während sich 2003 durchschnittlich nur 0,5 Items (= systemtherapeutische

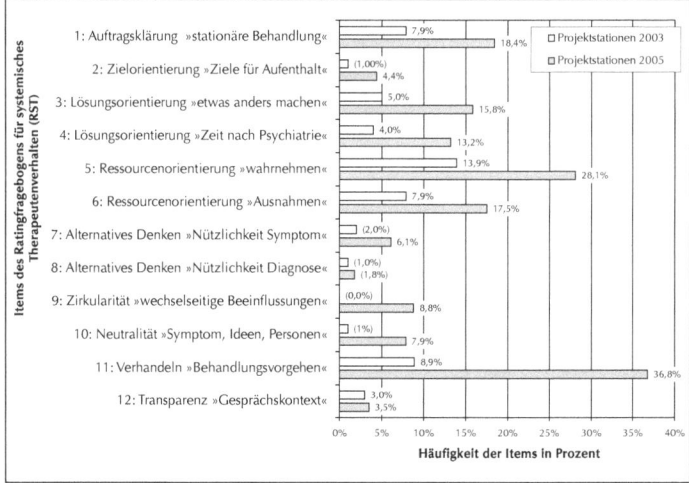

Abbildung 9: Entwicklung in der Häufigkeit systemischer Gesprächstechniken zwischen 2003 und 2005

Gesprächsführungselemente) pro Videoausschnitt beobachten ließen, wurden nach der Weiterbildung 2005 durchschnittlich 1,6 Items pro zweiminütiger Sequenz identifiziert. Das heißt, dass es eine deutliche (auch statistisch signifikante) Verbesserung insbesondere der Auftragsklärung, der Lösungsorientierung, der Ressourcenorientierung und der Verhandlungskultur gab. Insgesamt fand sich ein hochsignifikanter Anstieg *systemischer Gesprächsführungstechniken*. Vor allem bei den Items »Lösungsorientierung im Hinblick auf die Zeit nach der Psychiatrie«, »Neutralität gegenüber Symptom, Ideen, Personen« sowie »Verhandeln im Hinblick auf Behandlungsvorgehen« waren deutliche Anstiege zwischen 2003 und 2005 festzustellen (Abbildung 9).

Die Ergebnisse dieser beiden ersten Arbeiten (Ginap und von Twardowski) sind in dem Artikel »SYMPAthische Akutpsychiatrie: ein Weg, systemische Therapie noch deutlich ›alltagsfähiger‹ zu machen?« (Schweitzer et al., 2006) zusammengefasst.

Julika Zwack (2007) widmete sich in ihrer Dissertation sowohl der Frage nach der Verankerung systemisch-familientherapeutischer Methoden im akutpsychiatrischen Alltag (Organisationsperspektive) als auch den Auswirkungen des Projekts auf das Erleben der Mitarbeiter (Evaluationsperspektive). Der erste Teil der Arbeit besteht aus einer umfangreichen Studie zu Realisierbarkeit und zum Nutzungsgrad systemischer Interventionen im Rahmen des SYMPA-Projekts (Zwack u. Schweitzer, 2007b). Es wurden vier Monate nach Weiterbildungsende, im März 2005, halbstrukturierte Interviews mit 49 Mitarbeitern (aus allen am Projekt beteiligten Berufsgruppen) in den drei Kliniken durchgeführt. Die Antworten wurden inhaltsanalytisch ausgewertet (Mayring, 2003). Ergänzend beurteilten 75 Stationsmitarbeiter in den Jahren 2005 und 2006 auf einer von der Forscherin entwickelten »Checkliste Systemische Akutpsychiatrie« (CSA), wie leicht und wie dauerhaft einzelne klinische Arbeitsweisen in den Stationsalltag übernommen werden konnten. Als gut integrierbar erwiesen sich vor allem die *schriftliche Auftragsklärung* und die *Genogrammarbeit*. Bei den Familiengesprächen wurde »eine inhaltliche Fokusverschiebung beobachtet: Weg von der überwiegend psychoedukativen Nutzung […] hin zu individuellen Problemlösungsprozessen und der Analyse dysfunktionaler Wechselwirkungsprozesse innerhalb der Familie« (Schweitzer et al., 2006, S. 180). *Reflecting Teams* und *Intervision* wurden wegen ihres als hoch eingestuften zeitlichen Aufwands nur in Ausnahmefällen realisiert. Die *Verhandlung von Entlassberichten* mit dem Patienten sahen die Ärzte als zu zeitaufwändig und nicht eindeutig sinnvoll an. »Zusammenfassend bleibt festzuhalten, dass sich SYMPA in seiner Pilotphase als insgesamt praxistauglich und realisierbar bewährt hat« (Schweitzer et al., 2006, S. 181).

Im zweiten Teil der Arbeit wurden die Auswirkungen auf das professionelle Selbstverständnis der unterschiedlichen Berufsgruppen, auf die Teamkooperation und auf die Mitarbeiterbelastung untersucht (Zwack u. Schweitzer, 2007a). Hierzu wurden 49 halbstrukturierte Interviews und eine Prä-Post-Befragung (2003 und 2005) mit dem Teamklima-Inventar (TKI, Brodbeck, Anderson u. West, 2000) und der deutschen Fassung des Maslach-Burnout-Inventars (MBI-D, Büssing, 1992) durchgeführt.

Bei Rücklaufquoten von 94 % (2003) und 83 % (2005) waren im MBI-D zwischen 2003 und 2005 hochsignifikante Veränderungen festzustellen. Erschöpfungszustände wurden signifikant seltener berichtet (»Emotionale Erschöpfung«, $F = 9{,}85$; $p < 0{,}01$), der Umgang mit den Patienten wird als gefühlvoller beschrieben (»Depersonalisation«, $F = 181{,}80$; $p < 0{,}01$) und auch die wahrgenommene Kompetenz und Erfüllung durch die Arbeit haben sich 2005 verbessert (»Persönliche Erfüllung/Leistungsfähigkeit«, $F = 171{,}02$; $p < 0{,}01$). *Selbstwirksamkeitserleben* und *Freude an intensiver Arbeit mit dem Patienten* nahmen somit zu, während *emotionale Verhärtung* und *Gleichgültigkeit gegenüber Patienten* sowie *Gefühle des Burnouts und Frustes* abnahmen.

Im TKI veränderte sich die Dimensionen »Aufgabenorientierung« ($F = 5{,}23$; $p = 0{,}02$) und »Partizipative Sicherheit« ($F = 7{,}03$; $p < 0{,}01$) signifikant. Die »Soziale Erwünschtheit« sank zwischen 2003 und 2005 ebenfalls signifikant ab ($F = 39{,}56$; $p < 0{,}01$). Diese Veränderungen verwiesen auf einen *Zuwachs an Leistungsstandards und Anspruchsniveau* im Team und an Reflexion hierüber sowie auf *mehr Synergieeffekte und konstruktive Kontroversen* im Team.

In den qualitativen Interviews wurde über alle Stationen hinweg eine Intensivierung der Zusammenarbeit berichtet, was insbesondere auf die zwei neu eingeführten systemischen Interventionen »Auftrags- und Therapiezielklärung« sowie »Genogramminterview« zurückgeführt wurde. Beides führten vorwiegend die Pflegekräfte durch, wodurch sie frühzeitig in den Therapieprozess involviert und vermehrt zum Träger therapierelevanter Informationen wurden. Haupteffekt war dabei aus Sicht der Pflege eine Beziehungsintensivierung zum Patienten. Die Teilnahme der Pflege an den Angehörigengesprächen galt nun mehr als selbstverständlich und gestaltete sich aktiv partizipativ. Auf zwei Projektstationen führte die Pflege auch eigenständig Angehörigengespräche durch. Insgesamt machte die Übernahme therapeutischer Funktionen durch das Pflegepersonal eine Neuverhandlung von Kompetenzbereichen notwendig (»Wer darf was bzw. ist für was verantwortlich?«). Bei allgemein gestiegener *wechselseitiger Wertschätzung* fühlte sich vor allem die Pflege »durch ihre verstärkte Integration in den therapeutischen Prozess vermehrt auf Augenhöhe mit den therapeutischen Berufsgruppen […]. Als ausschlaggebend hierfür wird die gemeinsame Auseinandersetzung mit den Weiterbildungsinhalten ›auf gleichem Level‹ betrachtet und ›das gemeinsame Üben‹, ohne irgendein Gefälle oder irgendwelche Hierarchien« (Zack u. Schweitzer, 2007a, S. 180). Vor dem Hintergrund der berichteten Ergebnisse halten die Autoren eine multiprofessionell ausgerichtete Qualifizierung der Stationsmitarbeiter der Akutpsychiatrie in systemisch-familientherapeutischem Denken und Handeln für eine effektive Organisationsentwicklungsmaßnahme, die ungeachtet ihrer Patientenzentriertheit indirekt zu einer *verbesserten Interdisziplinarität* und einem *gesteigerten Selbstwirksamkeitserleben* psychiatrischer Mitarbeiter beitragen kann.

Die Effekte der systemtherapeutischen Weiterbildung des Behandlungsteams auf den Outcome stationär behandelter Patienten untersuchten Crameri, Grünwald und Schweitzer (2009) mit einem aufwändigen Forschungsdesign. Auf den sechs teilnehmenden Stationen wurden vor der ersten systemtherapeutischen Weiterbildung und nach zwei Dritteln des Grundkurses (nach vier Kursblöcken = zwölf Kurstagen) bei Aufnahme und Austritt bei allen Patienten, die sich dazu bereit erklärten, klinisch-psychologische Messungen (Selbstrating mit dem Brief Symptom Inventory – BSI, Franke, 2000) und Fremdratings (mit der Brief Psychiatric Rating Scale – BPRS, Overall u. Gorham, 1976) durchgeführt und Fähigkeitsstörungen und Beeinträchtigungen dokumentiert (FaeBe, Kauder, 1999; Kruckenberg u. Kunze, 1997). So konnten die Daten von 187 Patientenpaaren, die mittels des Propensity Score gematcht wurden (VanderWeele, 2006), für eine multivariate Varianzanalyse der Gruppenunterschiede genutzt werden. Außerdem wurden zu beiden Zeitpunkten die Prä- und Post-Differenzen in beiden Gruppen berechnet (Abbildung 10).

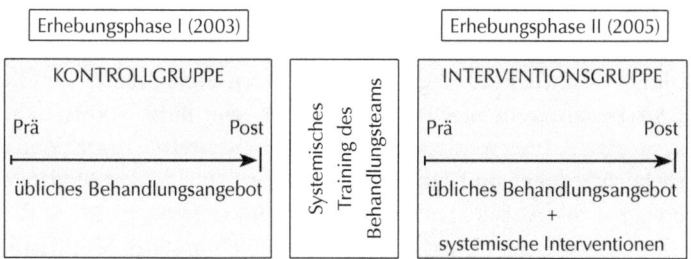

Abbildung 10: Forschungsdesign der Patienten-Outcome-Erhebung auf den Projektstationen

Die Prä-Post-Differenzen (vor und nach der Behandlung) innerhalb beider Gruppen wiesen mittlere bis starke Effekte auf. Daraus lässt sich ableiten, dass die Behandlung bereits vor der Weiterbildung sehr gute Effekte erzielte und dies auch nach der Weiterbildung so war.

Auf der BPRS sind die Verbesserungen nach der Weiterbildung numerisch größer als in der Kontrollgruppe, diese Unterschiede sind aber statistisch nicht bedeutsam. Auch auf den anderen Skalen konnten keine signifikanten Gruppenunterschiede festgestellt werden. Zu Katamnesezeitpunkt neun Monate nach Entlassung zeigten sich im Durchschnitt konstante Resultate. Es konnte also keine statistisch bedeutsame Verbesserung der Behandlungseffekte nach der systemtherapeutischen Weiterbildung nachgewiesen werden.

Für diese unsere Erwartungen nicht bestätigenden Ergebnisse sind mehrere Gründe denkbar. Zum einen können statistische Deckeneffekte dafür verantwortlich sein – die symptombezogenen Ergebnisse der Behandlung waren bereits vor der Weiterbildung außerordentlich gut, die Patienten zeigten schon vor dem Projekt eine deutliche Symptomreduktion während ihres Aufenthalts.

Ein zweiter Grund könnte der zu geringe Abstand der zweiten Erhebungsphase zur Weiterbildung sein. Aus Gründen der Projektlaufzeit musste bereits nach zwei Dritteln der ersten Weiterbildung mit der Nachuntersuchung begonnen werden. Eventuell reichte die Zeit nicht aus, um die gelernten Methoden sicher und effektiv in die Behandlung zu integrieren. Eine gute Möglichkeit, dies zu prüfen, wäre eine erneute Follow-up-Erhebung nach zwölf Monaten gewesen, dies sprengte aber den Rahmen des Machbaren innerhalb des praxisorientierten SYMPA-Projekts.

Drittens sind die Behandlungszeiten bis zur Postuntersuchung (durchschnittlich 28 Tage rein stationären Aufenthalts) für die Prozesslogik systemischer Intervention sehr kurz. Erfolgreiche systemische Interventionen dauern typischerweise länger. Wenn sie hochfrequent sind, laufen sie meist über drei bis acht Monate – etwa bei der Aufsuchenden Familientherapie (Conen, 2002), der Multisystemischen Therapie (Borduin, 2009) und der Multifamilientherapie (Asen u. Scholz, 2009). Oder sie sind niederfrequent, aber erstrecken sich über ein bis eineinhalb Jahre – etwa in den

Heidelberger Psychosestudien (Retzer, 2004), in den Stuttgarter Behandlungen im sozialpsychiatrischen Dienst (Schweitzer et al., 1995) und in der Schweizer EAST-Studie zur ambulanten systemischen Therapie (Grünwald u. Massenbach, 2002). Dies legt die Idee nahe, die stationäre Phase im langen zeitlichen Kontext einer regionalisierten Gesamtbehandlung zu untersuchen.

Eine letzte Frage, die sich aus diesen Ergebnisse ergibt, ist die nach der Veränderungssensibilität der verwendeten und Beziehungsprozesse widerspiegelnden Messinstrumente (insbesondere Inventar zur Erfassung interpersonaler Probleme – IIP-D und Fragebogen zur sozialen Unterstützung – F-SozU) für Verbesserungen in der zwischenmenschlichen Interaktion, die durch eine systemtherapeutische Behandlung erreicht werden. Diese Instrumente (IIP-D und F-Sozu) wurden erhoben, sind in der ersten Analyse von Crameri et al. aber nicht berücksichtigt worden. Beziehungswahrnehmungen der Patienten werden auf diesen Fragebögen eher wie wenig veränderungsensible Persönlichkeitszüge abgebildet. Eine wichtige Aufgabe der künftigen systemischen Forschung wird daher die Entwicklung kürzerer, sensitiver und auf die Interaktion fokussierender Messinstrumente sein, welche Beziehungsprozesse erfassen, die sich typischerweise im Zeitrahmen kürzerer systemtherapeutischer Interventionen verändern.

7.3 Nachhaltigkeit

Abbildung 11 gibt einen Überblick über die Themen der Nachhaltigkeitsforschung. Bezüglich der Organisationsperspektive wird hier nur auf die Situation der Stationen drei Jahre nach Ende des Kernprojekts eingegangen, für die Beschreibung der Verbreitungseffekte innerhalb der Klinik und der Außendarstellung des Projekts durch die Kliniken sowie der Kooperation mit externen Partnern sei auf die Dissertation von Haun (in Vorb.) verwiesen. In beiden Arbeiten wurden sowohl quantitative als auch qualitative Methoden eingesetzt.

Haun (in Vorb.) untersuchte, wie nachhaltig die systemtherapeutischen Methoden auf den Projektstationen verwirklicht wurden. Die Häufigkeit der Anwendung systemischer Methoden

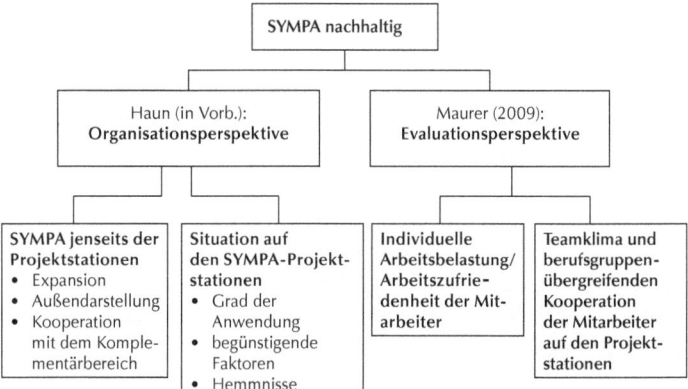

Abbildung 11: Die zwei Stränge der »SYMPA-nachhaltig«-Forschung

wurde über den eigens entwickelten Interventionsfragebogen (IFB) erfasst. Alle Stationsmitarbeiter wurden um dessen Ausfüllung gebeten, wobei die Rücklaufquote 66 % betrug.

Mit einer Stichprobe von Mitarbeitern, welche anteilig die Mitgliederzahl der auf den Stationen tätigen Berufsgruppen repräsentierte, wurden ferner von Januar 2008 bis April 2008 44 Experteninterviews durchgeführt und inhaltsanalytisch ausgewertet (Mayring, 2003).

Im IFB zeigt sich im Einzelnen, dass die *Auftrags- und Therapiezielklärung* auch 2008 noch häufig im Stationsalltag eingesetzt wird. 48,3 % der Befragten geben an, es werde mit mehr als 75 % der Patienten eine Auftragsklärung und Therapiezielplanung durchgeführt. 41,4 % geben ein mittleres Nutzungsniveau an (hier definiert mit mehr als 25 %) und nur 10,3 % schätzen die Anwendung als gering ein.

Das *Genogramminterview* weist 2008 ein mittleres Anwendungsniveau auf. 26,7 % der Befragten geben an, das Genogramm käme auf der Station häufig zum Einsatz (mit mehr als 75 % der Patienten durchgeführt). Ein mittleres Anwendungsniveau wurde aufgrund des hohen Zeitaufwandes der Intervention hier definiert als mit mehr als 25 % der Patienten durchgeführt. Nur 6,7 % der Befragten beschreiben das Ausmaß der Anwendung als niedrig (mit weniger als 25 % der Patienten durchgeführt).

Nachhaltigkeit 143

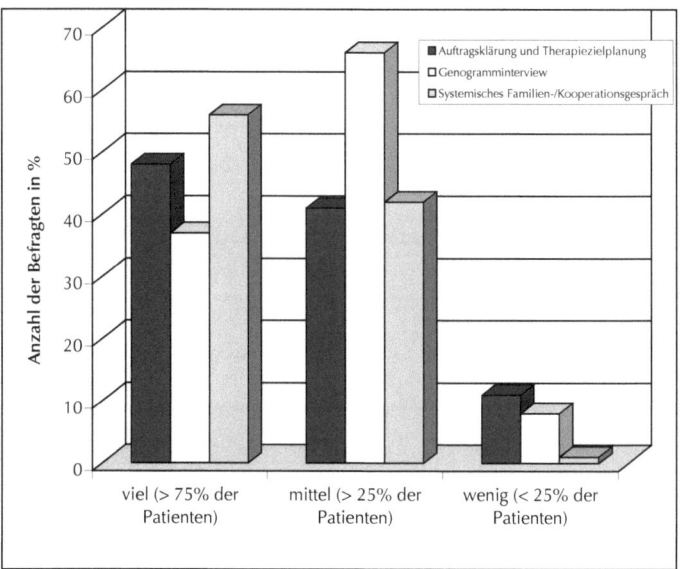

Abbildung 12: Ergebnisse des Interventionsfragebogens für Auftragsklärung, Genogramminterview und systemisches Familien-/Kooperationsgespräch im Jahr 2008 (Y-Achse: Anzahl der Teilnehmer in %, X-Achse: Anwendungsniveau). Aufgrund des hohen zeitlichen Aufwandes der Methoden wurde ein mittleres Niveau als mit mehr als 25% der Teilnehmer definiert.

Das Anwendungsniveau des *systemischen Familien- bzw. Kooperationsgespräches* beschreiben 56,7% der Stationsmitarbeiter im IFB als hoch (mit mehr als 75% der Patienten durchgeführt). Die Intervention kann dementsprechend als nachhaltig sehr gut implementiert angesehen werden. Sie wird auch 2008 sehr häufig angewendet (Abbildung 12).

Im IFB sagen 67,9% der Mitarbeiter hinsichtlich der Anwendung des *Reflecting Teams* 2008, es fände praktisch nur sehr selten – hier definiert als ein Mal im Monat – statt. 21,4% beschreiben die Anwendung als seltener als ein Mal pro Woche und nur 10,7% der Mitarbeiter geben an, ein Reflecting Team werde durchschnittlich ein Mal Woche durchgeführt. Es wird also im Stationsalltag offensichtlich kaum angewendet (Abbildung 13).

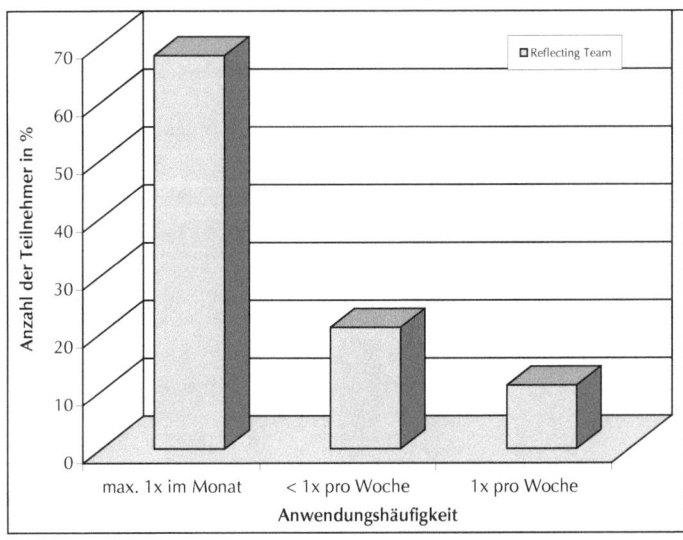

Abbildung 13: Anwendungsniveau des Reflecting Teams gemessen mit dem IFB 2008

In den Interviews wird die allenfalls gelegentliche Nutzung der Teamsitzung mit Reflecting Teams mit dem hohen logistischen Aufwand der Vorbereitung begründet. Dabei muss neben zeitlichen Kapazitäten vor allem eine adäquate Anzahl an Mitarbeitern zur Verfügung stehen (vgl. auch Tabelle 4).

Tabelle 4: Zusammenfassender Überblick über die Integration systemtherapeutischer Methoden im Jahr 2008 auf den SYMPA-Stationen

Anwendungsniveau		
niedrig (max. 1x/Monat mit je einem Patienten)	**mittel** (bei > 25 % der Patienten)	**hoch** (bei > 75 % der Patienten)
↓	↓	↓
Reflecting Team	Genogramminterview	Auftrags- und Therapiezielklärung, systemisches Familien-/Kooperationsgespräch

Als strukturelle Hindernisse für eine noch intensivere Verwirklichung des systemisch-familientherapeutischen Arbeitens konnten in den Interviews vier Problembereiche identifiziert werden, die in mindestens zehn der 44 Interviews genannt wurden (Tabelle 5).

Tabelle 5: Strukturelle Hindernisse für systemische Praxis in der stationären Psychiatrie

Patientensystem	Mitarbeitersystem
1. zu starke Akutsymptomatik der Patienten in der Aufnahmephase 2. pflegeintensive Patienten in der Gerontopsychiatrie 3. demente Patienten	1. häufige Personalwechsel auf Station 2. fehlende systemische Grundlagen bei neuen Assistenzärzten 3. Weggang von systemisch erfahrenen Mitarbeitern in andere Bereiche derselben Klinik
Kliniksystem	projektimmanente negative Einflussfaktoren
1. starke Auslastung/Überbelegung der Station 2. Personalmangel 3. Rotation der Assistenzärzte und Psychotherapeuten in Ausbildung (PiA) 4. Mit den Anforderungen des Medizinischen Dienstes der Krankenkassen (MDK) konforme Dokumentation	1. inhaltliche Defizite (Lücken, Unklarheiten) im SYMPA-Handbuch 2. Mängel in der Weiterbildungsdidaktik: die vollständige und fehlerfreie Umsetzung der Methoden ist noch unzureichend eingeübt.

Die Ergebnisse zeigen insgesamt, dass einige systemtherapeutischen Methoden einfacher (z. B. Auftrags- und Therapiezielklärung, systemisches Familien- bzw. Angehörigengespräch) und andere schwieriger (z. B. Reflecting Team) in den akutpsychiatrischen Stationsalltag integrierbar sind.

Schließlich führte Maurer (2009) eine Follow-up-Erhebung zur Wirkung des systemisch-familientherapeutischen Arbeitens auf Burnoutsymptomatik und erlebtes Teamklima bei den Mitarbeitern der teilnehmenden Stationen durch. Es wurden sowohl qualitative Daten (44 leitfadengestützte Experteninterviews und 28 Zeitstrahle) als auch quantitative Daten (aus TKI und MBI-D, n = 84) zur Analyse genutzt. Es konnte gezeigt werden, dass die signifikanten und positiven Veränderungen der Burnoutwerte der Mitarbeiter in der systemischen Akutpsychiatrie nach der Weiterbildung 2005 auch 2008 stabil blieben.

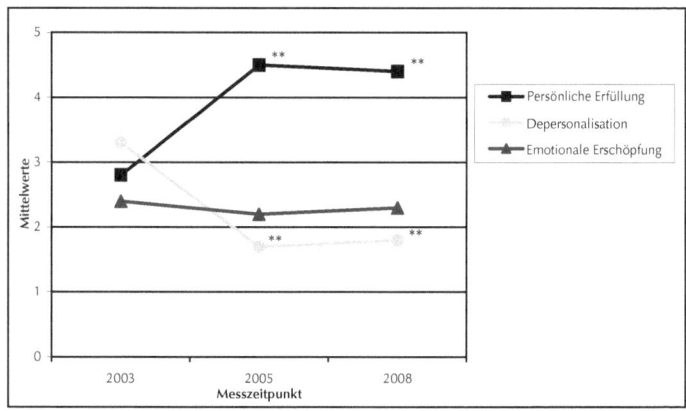

Abbildung 14: Entwicklung von »Depersonalisation« und »Persönliche Erfüllung« über alle Messzeitpunkte (2003, 2005, 2008), Signifikanzwerte für den paarweisen Vergleich der Mittelwerte (2005 und 2008 mit 2003)
** Mittlere Differenz ist auf dem Niveau 0,01 signifikant

Die Ergebnisse der Messwiederholung des Maslach-Burnout-Inventars (MBI-D) mit den Mittelwerten der Projektstationen zeigen nachhaltige Effekte auf den Skalen »Persönliche Erfüllung« und »Depersonalisation«. Im paarweise Vergleich zeigten sich zwischen 2005 und 2008 signifikant (< 0.01) bessere Werte als 2003 und keine signifikanten Unterschiede zwischen 2005 und 2008. Auf der Skala »Emotionale Erschöpfung« konnte diese nachhaltigen Effekte mittels Messwiederholung nicht gezeigt werden (Abbildung 14).

In den Interviews werden neben den positiven Effekten (z. B. »Aufwertung der Pflege«, »größerer Handlungsspielraum« oder »Spaß an der Umsetzung der systemischen Methoden«) auch negative Effekte thematisiert wie »Frustration durch unzureichende Möglichkeiten, die systemischen Methoden anzuwenden« und vor allem bei Pflegekräften »Überforderung« und »Angst« bei der Umsetzung der gelernten Methoden.

Die Ergebnisse zum Teamklima fallen eher schwach aus. Alle Skalen zeigen einen umgekehrt U-förmigen Verlauf über die drei Messzeitpunkte. Bedeutsame positive Veränderungen 2005 lassen sich 2008 nicht mehr nachweisen, das Nachlassen der »Aufgabenorientierung« von 2005 auf 2008 ist statistisch signifikant. Die Werte auf der Kontrollskala »Soziale Erwünschtheit« nahmen 2008 weiter signifikant ab und liegen nun im sehr guten Bereich. Dieser Rückgang des sozial erwünschten Antwortverhaltens kann als Ausdruck gestiegenen Vertrauens in das Projekt interpretiert werden, das mit großer Wahrscheinlichkeit mit ehrlicheren und somit skeptischeren Antworten der Teilnehmer 2008 einhergeht. In den Interviews zeigt sich, dass das Teamklima häufig als weniger durch das Projekt denn durch äußere Umstände, insbesondere überstarke Personalfluktuation, beeinträchtigt wahrgenommen wird.

Zu einer Verlaufsbeschreibung des Teamklimas und der »SYMPA-Projektstimmung« nutzten wir außerdem bei einer kleinen Gruppe befragter Experten mit mindestens dreijähriger Stationszugehörigkeit (N = 15) eine ungewöhnliche qualitative Methode. Teilnehmer wurden gebeten, einen »Zeitstrahl« zu zeichnen, der die Güte der Teamstimmung auf Station einerseits und der SYMPA-Projektstimmung andererseits im Zeitverlauf auf der x-Achse und mit Werten zwischen –100 (»maximal schlecht) und +100 (maximal gut) auf der y-Achse darstellt. Auf diesem Zeitstrahl (von der Autorin in Anlehnung an die Lebenslinien von Moldaschl, 2002, entwickelt) reicht das Spektrum der individuellen Teamklima-Bewertungen fast zu jedem Zeitpunkt von Minuswerten bis zu hohen Pluswerten, zeigt aber im Mittel einen mit Projektentwicklung ansteigenden und nach der Projekthochphase wieder zurückgehenden Verlauf, bei dem aber das durchschnittliche Teamklima am Ende geringfügig besser ist als vor dem Projekt (siehe Abbildung 15).

Entsprechend vielfältig sind auch die im Zeitstrahlinterview genannten Gründe für Höhe- und Tiefpunkte der Teamstimmung. Als Höhepunkte wurden in den Zeitstrahlinterviews Momente beschrieben, die durch ausgeprägte Projektbegeisterung, durch die Weiterbildungsphase, durch »projektbedingten gemeinsamen Stress, der zusammenschweißt« und durch gemeinsame äußere Feinde (z. B. ein zwischenzeitlich eingeführtes, als »SYMPA-feindlich« bewertetes neues Dokumentationssystem) geprägt waren. Als Tiefpunkte werden Momente benannt, die durch teaminterne Konflikte, hohe Fluktuation, Leitungswechsel, hohe Arbeitsbelastung, das erwähnte neue »defizitorientierte« Dokumentationssys-

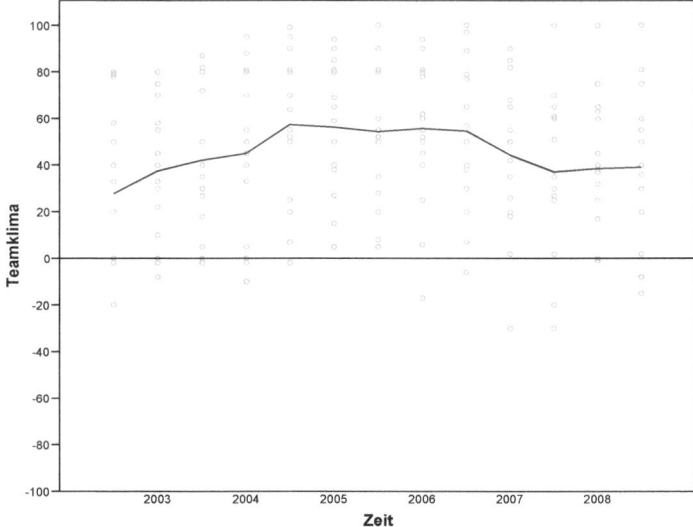

Abbildung 15: Zeitstrahl – Verlauf und Streuung des Teamklimas aller Teilnehmer der Projektstationen (N = 15)

tem und die anstrengende Datenerhebung charakterisiert sind. Gemittelt bewegt sich das beschriebene Teamklima auf dem Zeitstrahl heute auf geringfügig höherem Niveau am 2003. Dabei sind solche Einschätzungen personenabhängig sehr heterogen – für 2008 wird in sechs Zeitstrahlen ein Anstieg des Teamklimas gesehen, in vier ein Abstieg und in fünf eine Stabilisierung auf dem aktuellen Niveau. Im Mittel wird die Phase zwischen der erste Hälfte des Grundkurses (Mitte 2004) und kurz vor Ende des Aufbaukurses (Ende 2006) als die mit den besten Teamklimas dargestellt. Etwas anders sehen die Mittelwerte des »SYMPA-Projektklima« auf dem Zeitstrahl aus: Hier bleiben in der Hauptprojektphase gewonnene »Stimmungsgewinne« (Höhepunkt Anfang 2005) auch in der Nachhaltigkeitsphase bestehen, wenngleich auch hier auf etwas niedrigerem Niveau (Abbildung 16).

Zusammenfassend scheint es eine sich auf- und später wieder abbauende »Projektstimmung« gegeben zu haben, die auf einzelnen Stationen (»Teamstimmung«) aber stärker wieder »abflaut« als im Gesamtprojekt (»SYMPA-Stimmung«).

Nachhaltigkeit 149

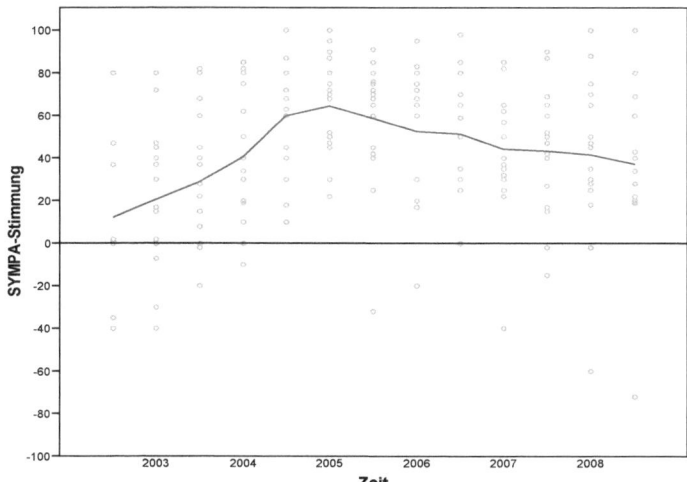

Abbildung 16: Zeitstrahl – gemittelter Verlauf und Streuung der »SYMPA-Stimmung« auf den Projektstationen (N = 16)

In den Interviews werden zudem positiven Effekte des Projekts auf das Klima (z. B. »entspannte Atmosphäre, bessere Stimmung durch SYMPA«) und die Kooperation (z. B. »offenerer Austausch zwischen den Berufsgruppen«) berichtet. Dieser Multimethodenansatz kommt bezüglich des Teamklimas und der Kooperation zu einem gemischten Ergebnis.

Zusammenfassend lässt sich sagen, dass sich im Verlauf des Projekts die interpersonelle – auf den Kontakt zum Patienten bezogene – Ebene des Burnout nachhaltig verbessert und sich das wahrgenommene Kompetenz- und Wirksamkeitserleben der Mitarbeiter nachhaltig erhöht hat. Dies lässt sich aufgrund des Forschungsdesigns allerdings nicht kausal als alleiniger Effekt des systemischen Arbeitens interpretieren. Das gesunkene Risiko, in einer systemischen Akutpsychiatrie auszubrennen, kann möglicherweise mit einer nachgewiesenermaßen nachhaltig erhöhten Erfüllung in der Arbeit der Mitarbeiter (gemessen im MBI-D) in Zusammenhang stehen. Bezüglich Teamkooperation und -atmosphäre zeigen sich uneinheitliche Ergebnisse, die aber in den Interviews und auf dem Zeitstrahl zum Teil als stark von projektunabhängigen Faktoren, vor allem Veränderungen der Teamzusammensetzung, beeinflusst geschildert werden.

Zusammenfassend lässt sich sagen: Das SYMPA-Projekt hat in sieben Jahren (2002 bis 2009) zeigen können, dass ohne zusätzliches Personal, mit aktiver Unterstützung der Chefärzte, mit den Mitteln einer berufsgruppenübergreifenden gemeinsamen Weiterbildung aller Stationsmitarbeiter, eines verbindlichen Handbuches und der kontinuierlichen Einarbeitung neuer Mitarbeiter ein systemischer Ansatz auch mittelfristig auf psychiatrischen Akutstationen eingeführt und dauerhaft praktiziert werden kann. Grenzen der Wirksamkeit von SYMPA liegen im Tempo der Mitarbeiterrotation auf den Stationen und in der Begrenzung der Behandlung auf die stationäre Phase unverbunden mit ambulanter Nachbehandlung. Insbesondere Auftragsklärung, gemeinsame Therapiezielplanung und Familien-/Kooperationsgespräche werden dauerhaft als nützlich erlebt und in die Alltagspraxis integriert. SYMPA verringert dauerhaft die Mitarbeiterbelastung und verbessert – zumindest solange die daran beteiligten Teams einigermaßen konstant bleiben – wesentliche Aspekte des Teamklimas und der Mitarbeiterkooperation.

8 Resümee und Ausblick

Die Implementation systemisch-familienorientierter Psychiatrie ist gelungen: in drei ganz normalen Versorgungskrankenhäusern, ohne jeden Personalzuwachs, bei hoher Akzeptanz der Mitarbeiter. Sie blieb bestehen und sie vertiefte sich weiter, bis sieben Jahre nach Projektstart. Sie ging einher mit langfristiger Reduktion der individuellen arbeitsbezogenen Mitarbeiterbelastung, mit zwischenzeitlichen Verbesserungen im Teamklima und mit einer beeindruckenden »Emanzipation der Pflege«, welche nicht nur in Zeiten ausgeprägten Ärztemangels das psychotherapeutische Potential der Kliniken enorm steigert. SYMPA führt in den drei Kliniken mittlerweile auch ohne die »Projektstruktur« ein gutes »Eigenleben«, wird an neue Teammitglieder vermittelt und in Intervisionen weiterentwickelt.

Eine weitere Steigerung der kurzzeitigen Behandlungs-Outcomes gegenüber den zuvor schon guten stationären Behandlungs-Ergebnissen konnte 2005 mit Instrumenten wie SCL-90-R (Symptom-Checkliste von Derogatis), IIP-D, WHOQOL (World Health Organization Quality of Life), BPRS, FaeBe noch nicht nachgewiesen werden. Dafür hätte es vermutlich sowohl eines fortgeschritteneren Ausbildungsstandes der Weiterbildungsteilnehmer (wir mussten aus Projektgründen die Untersuchung bereits kurz nach Mitte der Weiterbildung beginnen) als auch einer längeren beforschten Therapiedauer bedurft (Behandlungszeitraum durchschnittlich nur 22 Tage).

Aus therapeutischen wie aus forscherischen Gründen sehen wir am Ende dieser siebenjährigen Entwicklungszeit mittelfristig einen nächsten Schritt vor uns liegen: die Einführung und dann Untersuchung längerfristiger, integrierter systemtherapeutischer Behandlungsverläufe in regionalen Behandlungsverbünden. Wir sehen die Weiterentwicklung unserer SYMPA-Ideen nicht nur in der Verbreitung in Kliniken, sondern auch in Tageskliniken, komplementären Diensten und deren dichter Kooperation im gemeindepsychiatrischen Verbund. Wir wollen die Kooperation zwischen Kliniken und komplementären Einrichtungen ausbauen und stärken.

Dann kann etwas wie die SYMPA-Weiterbildung als regionale, einrichtungsübergreifende, systemisch-familienpsychiatrische Schulung durchgeführt werden. Parallel zu einer solchen Weiterbildungskultur können gemeinsame regionale Behandlungsleitlinien und -vereinbarungen entstehen, die wiederum regionale Globalbudgets ermöglichen. Wir hoffen, dass an diesen Orten, wie bislang im SYMPA-Projekt, Patienten und Angehörige via eines »gemeinsamem Fallverständnisses« immer mehr zu Mitplanern nicht nur ihrer individuellen Behandlung werden, sondern auch organisiert in Erfahrenen- und Angehörigenverbänden bei der Planung der Versorgungsstrukturen mitwirken.

Bereits erprobt wurde eine systemisch orientierte dichtere stationär-ambulantere Kooperation in der Spätphase des bisherigen SYMPA-Projekts im überschaubaren Feld zwischen den Stationen, Tageskliniken und Ambulanzen der drei Kliniken. Anregungen dafür, wie unser Ansatz noch weit konsequenter in den außerstationären Bereich ausgeweitet werden kann, finden wir im Diskurs zwischen SYMPA und der skandinavischen »bedürfnisorientierten Behandlung von Psychosen«, wie wir sie von den Psychiatern Volkmar Aderhold (Aderhold et al., 2003; Gottwalz u. Aderhold, 2002) und Nils Greve (Aderhold u. Greve, 2009) kennengelernt haben.

Bereits jetzt aber können psychiatrische Kliniken, unter Einschluss ihrer Ambulanzen und Tageskliniken, dieses Modell für sich prüfen und gegebenenfalls bei sich einführen. Nach siebenjähriger Erprobungsphase steht ein Stab qualifizierter SYMPA-Trainer (Psychiater, Pädagogen, Psychologen, Pflegekräfte) zur Verfügung, die Inhouse-Trainings nach dem SYMPA-Modell anbieten können. Auch die Begleitforschung ist so gut erprobt, dass sie leicht und unkompliziert angeboten werden kann.

Es ist zu erwarten, dass die wissenschaftliche Anerkennung der systemischen Therapie als evidenzbasiertes Verfahren seit 2008 hierfür in der Aus- und Weiterbildung der Berufsgruppen und der Finanzierung systemtherapeutischer Leistungen künftig weitere Fortschritte erleichtern wird (Sydow et al., 2007).

Wir schreiben dieses Buch auch, um den gut eingeführten und inzwischen auch registrierten Begriff SYMPA über die bisherigen drei Kliniken hinaus für ein neu entstehendes und allmählich wachsendes Netzwerk von Kliniken und anderen psychiatrischen Diensten zu nutzen.

Wenn Sie, liebe Leserin und lieber Leser, daran interessiert sind, können Sie sich an einen der Herausgeber dieses Buches bzw. die Chefärzte der SYMPA-Kliniken wenden:

- Prof. Dr. sc. hum. Elisabeth Nicolai, Evangelische Fachhochschule Ludwigsburg: nicolai_liz@yahoo.de
- Prof. Dr. rer. soc. Jochen Schweitzer, Zentrum Psychosoziale Medizin Universitätsklinikum Heidelberg: Jochen_Schweitzer-Rothers@med.uni-heidelberg.de
- Dr. med. Beate Baumgarte, Klinik Psychiatrie II am Kreiskrankenhaus Gummersbach: beate.baumgarte@kkh-gummersbach.de
- Dr. med. Cornelia Oestereich, Klinikum Wunstorf der Region Hannover: Cornelia.Oestereich@krh-wunstorf.eu
- PD Dr. med. Bernward Vieten, LWL-Klinik Paderborn: bernward.vieten@wkp-lwl.org

Dank

So wie eine SYMPAthische Psychiatrie immer eine Gemeinschaftsleistung von Patienten, Angehörigen und psychiatrischen Fachleuten darstellt, so war auch die Entwicklung des SYMPA-Konzeptes über sieben Jahre hinweg (2002 bis 2009) eine Gemeinschaftsleistung. An ihr waren drei Krankenhäuser, zwei Forscherteams, ein Weiterbildungsinstitut und drei Förderer beteiligt. Alle Mitwirkenden mit einer »offiziellen« Funktion im Projekt sind im Folgenden aufgeführt. Viele weitere Mitarbeiter in den drei Kliniken haben ohne formale Position, aber mit viel Engagement ebenfalls mitgeholfen. Wir danken ihnen, auch wenn wir aus Platzgründen nicht alle aufführen können, genauso den beteiligten Patienten und Angehörigen, die wir aus Datenschutzgründen nicht nennen.

Kreiskrankenhaus Gummersbach,
Abteilung Psychiatrie der zweiten Lebenshälfte
Beate Baumgarte, Chefärztin
Dieter Schmitz, Oberarzt und Projektkoordinator
Angelika Eigner, Pflegedienstleiterin, Projektkoordinatorin Pflege
Ralf Eich, Projektkoordinator Pflege
Monika Wintrich, Projektkoordinatorin Pflege
Die multiprofessionellen Teams der Stationen 6.4 A, 6.4 B und 5.4 A

LWL-Klinik Paderborn,
Abteilung Allgemeine Psychiatrie und Psychotherapie
Bernward Vieten, Chefarzt
Monika Seewald, Pflegedirektorin
Wolfgang Möller, Projektkoordinator
Frank Zimmerer, Projektkoodinator Pflege
Daniela Engelbrecht, Oberärztin
Beate Joachimsmeier, Oberärztin
Die multiprofessionellen Teams der Stationen B und E

Krankenhaus Region Hannover,
Wunstorf, Abteilung Allgemeinpsychiatrie
Cornelia Oestereich, Chefärztin
Sabine Kirschnick-Tänzer, Oberärztin und Projektkoordinatorin
Christina Kausch, Qualitätsmanagerin und Projektkoordinatorin
Holger Dopheide, Pflegedienstleiter und Projektkoordinator Pflege
Die multiprofessionellen Teams der Stationen A 4.1, A 5.2 und A 5.3

Die Weiterbildung wurde vom Helm Stierlin Institut Heidelberg organisiert, Lehrtherapeuten waren:
Elisabeth Nicolai (Koordination),
Jochen Schweitzer,
und unsere Zürich-Konstanzer Trainerkollegin Ulrike Borst.

Als Co-Leiter wirkten in der Weiterbildung 2005–2006 mit
Aus Paderborn:
Martin Altmiks, Krankenpfleger
Sabine Happe, Krankenschwester
Wolfgang Möller, Diplom-Pädagoge
Frank Zimmerer, Krankenpfleger
Klaus von Wrede, Krankenpfleger
Daniela Engelbrecht, Oberärztin
Norbert Vielhaber, Diplom-Psychologe

Aus Wunstorf:
Eva Müller-Steding, Sozialarbeiterin
Saija Störmer, Ärztin
Sabine Kirschnick-Tänzer, Oberärztin
Carsten Dette, Oberarzt

Aus Gummersbach:
Monika Wintrich, Stellvertretende Stationsleiterin
Markus Althoff, Assistenzarzt
Andreas Götze, Krankenpfleger
Dieter Schmitz, Oberarzt
Ralf Eich, Stationsleiter
Beate Baumgarte, Chefärztin
Angelika Eigler, Stationsleiterin

Forschungsteam am Institut für Medizinische Psychologie der Universität Heidelberg
Jochen Schweitzer (Leitung des Gesamtprojekts)
Elisabeth Nicolai
Jimena Bernales
Claudia Ginap
Joachim von Twardowsky
Julika Zwack
Matthias Ochs
Henrike Maurer
Markus Haun

Forschungsteam an der Hochschule für Angewandte Psychologie Zürich
Hugo Grünwald (Leitung Patienten-Outcome-Forschung)
Kai von Massenbach
Christian Keller
Aureliano Crameri

Unterstützung bei der Schlussredaktion
Henrike Maurer

Großzügig gefördert und mit Interesse begleitet von der Heidehof-Stiftung GmbH Stuttgart
Eva Madelung, Geschäftsführerin
Johanna Bosch-Brassachio, Geschäftsführerin
Winfried Börgerling, Geschäftsführer
Lutz Bessel, für SYMPA zuständiger Wissenschaftlicher Mitarbeiter

Unterstützt von den systemischen Dachverbänden
Deutsche Gesellschaft für Systemische Therapie und Familientherapie (DGSF)
Wilhelm Rotthaus, Vorsitzender bis 2007

Systemische Gesellschaft (SG)
Arist von Schlippe, Vorsitzender bis 2005

Literatur und Literaturhinweise

Aderhold, V., Alanen, Y., Hess, G., Hohn, P. (Hrsg.) (2003). Psychotherapie der Psychosen. Integrative Behandlungsansätze aus Skandinavien. Gießen: Psychosozial Verlag.

Aderhold, V., Greve, N. (2009). Bedürfnisangepasste Behandlung und offene Dialoge. Kontext, 40 (3), 228–242.

Anderson, T. (1990). Das reflektierende Team. Dortmund: Modernes Lernen.

Asen, E., Scholz, M. (2009). Praxis der Multifamilientherapie. Heidelberg, Carl Auer.

Bäuml, J., Pitschel-Walz, G. (2003). Psychoedukation bei schizophrenen Erkrankungen. Stuttgart: Schattauer.

Bleuler, E. (1911). Dementia praecox oder Gruppe der Schizophrenien. In G. Aschaffenburg (Hrsg.). Handbuch der Psychiatrie. Leipzig: Deuticke.

Bleuler, M. (1972). Die schizophrenen Geistesstörungen im Lichte langjähriger Kranken- und Familiengeschichten. Stuttgart: Thieme.

Bock, T., Buck, D. (2002). Dialog als Modell – Erfahrungen aus den Psychoseseminaren. Psychotherapie im Dialog, 3 (3), 252–255

Bombosch, J., Hansen, H., Blume, J. (2004). Trialog praktisch. Psychiatrie-Erfahrene, Angehörige und Professionelle gemeinsam auf dem Weg zur demokratischen Psychiatrie. Neumünster: Paranus-Verlag.

Borduin, C. M. (2009). Multisystemische Therapie bei antisozialem Verhalten Jugendlicher. Familiendynamik, 34 (3), S. 236–245.

Borst, U. (2003). Diagnostik und Wissen in der psychiatrischen Klinik. Familiendynamik, 28 (2), 201–218.

Borst, U., Leherr, H. (2008). Zwangsbehandlung und Verhandlungskultur in der Psychiatrie. Familiendynamik 33 (2), S. 161–177.

Borst, U., Werther, P. (1999). Schizophrenie-Patienten: Opfer, Kunden oder Mit-Täter der Behandlung? Qualitätsmanagement im Klinikalltag. Schizophrenie, 14, 7–10.

Bowen, M. (1960). A family concept of schizophrenia. In Jackson, D. D. (Hrsg.), Schizophrenia (pp. 346–372). New York: Basic Books.
Brandenburg, J., Heim, S. (2002). Was diagnostizieren Psychoseerfahrene und Angehörige bei den Psychotherapeuten? Ein Interview. Psychotherapie im Dialog, 3 (3), 298–304
Brodbeck, F., Anderson, N., West, M. (2000). TKI, Teamklima-Inventar. Göttingen: Hogrefe.
Büssing, A., Perrar, K.-M. (1992). Die Messung von Burnout. Untersuchung einer deutschen Fassung des Maslach Burnout Inventory (MBI-D)*. Diagnostika, 38 (4), 328–353.
Caby, F., Geiken, G. (2000). Reflecting Families. Vortrag beim Symposium »Zum Stand der Kunst – Systemische Therapie und Organisationsentwicklung in Psychiatrischen Einrichtungen«. Heidelberg, 3./4.2.2000.
Ciompi, L. (1980). Ist die chronische Schizophrenie ein Artefakt? Fortschritte der Neurologie und Psychiatrie, 48, 237–248.
Ciompi, L. (1997). Die emotionalen Grundlagen des Denkens. Entwurf einer fraktalen Affektlogik. Göttingen: Vandenhoeck & Ruprecht.
Ciompi, L., Dauwalder, H. P., Ague, C. (1979). Ein Forschungsprogramm zur Rehabilitation psychisch Kranker III: Längsschnittuntersuchungen zum Rehabilitationserfolg und zur Prognostik. Nervenarzt, 50, 366–378.
Ciompi, L., Müller, C. (1976). Lebensweg und Alter der Schizophrenen. Eine katamnestische Langzeitstudie bis ins Senium. Berlin u. a.: Springer.
Conen, M. L. (2002). Wo es keine Hoffnung gibt, muss man sie erfinden. Praxis der Aufsuchenden Familientherapie. Heidelberg: Carl Auer.
Crameri, A., Grünwald, H., Schweitzer, J. (2009). Systemische Akutpsychiatrie – erste Outcomevergleiche. Psychiatrische Praxis, 36, 125–131.
Deissler, K. G., Keller, T., Schug, R. (1995). Kooperative Gesprächsmoderation. Zeitschrift für systemische Therapie, 13 (1), 12–30.
Dörner, K., Egetmeyer, A., Koenning, K. (1995). Freispruch der Familie. Bonn: Psychiatrie-Verlag.

Duhl, F., Kantor, D., Duhl, B. (1973). Learning, Space and Action in Family Therapy: A Primer of Sculpture. In Bloch, D. (Hrsg.), Techniques of Family Psychotherapy (pp. 115–141). New York: Grune & Stratton.
Fisher, R., Ury, W. (1984). Das Harvard-Konzept. Sachgerecht verhandeln – erfolgreich verhandeln. Frankfurt a. M.: Campus.
Foerster, H. von (1985). Sicht und Einsicht. Braunschweig: Vieweg.
Franke, G. H. (2000). Brief Symptom Inventory von L. R. Derogatis (BSI) – Deutsche Fassung. Göttingen: Hogrefe.
Fromm-Reichmann, F. (1948). Notes on the development of schizophrenia by psychoanalytic psychotherapy. Psychiatry, 11, S. 263–273.
Ginap, C. (2006). Systemische Gesprächsführung in der Akutpsychiatrie: Qualitative Veränderungen nach einer Team-Weiterbildung. Heidelberg: Unveröffentlichte Dissertation.
Gottwalz, E., Aderhold, V. (2002). Über wirkende Verunsicherungen und verunsichernde Wirkungen – Personenzentrierte setting übergreifende integrative Schizophrenie-Therapie (PERSIST) im stationären Setting. Psychotherapie im Dialog, 3 (3), 271–276.
Groth, K. (2000). Verhandeln in der Erwachsenenpsychiatrie – Zehnjahresverträge. Vortrag beim Symposium »Zum Stand der Kunst – Systemische Therapie und Organisationsentwicklung in Psychiatrischen Einrichtungen«. Heidelberg, 3./4.2.2000.
Grünwald, H., Hegemann, U., Eggel, T., Anthenien, L. (1999). Ergebnisqualität systemischer Therapie – Ein Praxisbericht aus der ambulanten psychiatrischen Grundversorgung des Psychiatriezentrums Oberwallis in Brig, Schweiz. System Familie, 12, 17–24.
Grünwald, H. S., Massenbach, K. (2003). Ergebnisqualität ambulanter systemischer Therapie – eine Multizenterstudie in der deutschsprachigen Schweiz. Psychosomatik, Psychotherapie und Medizinische Psychologie, 53, 1–8.
Haun, M. (in Vorb.) Wie nachhaltig lässt sich eine systemische Beratungsmethodik auf allgemeinpsychiatrischen Stationen implementieren? Universität Heidelberg: Unveröffentlichte Medizinische Dissertation.
Herpertz, S., Caspar, F., Mundt, C. (Hrsg.) (2008). Störungsorientierte Psychotherapie. München: Elsevier.

Höger, C., Geiken, G. (2006). Praxen und Kliniken im Dialog – das Besuchsprojekt der Arbeitsgemeinschaft systemische Kinder- und Jugendpsychiatrie. Kontext, 37 (3), 261–275

Honermann, H., Müssen, P., Brinkmann, A., Schiepek, G. (1999). Ratinginventar lösungsorientierter Interventionen (RLI). Ein bildgebendes Verfahren zur Darstellung ressourcen- und lösungsorientierten Therapeutenverhaltens. Göttingen: Vandenhoeck & Ruprecht.

Hornung, W. P. (2002). Psychoedukative Interventionen für Patientinnen mit schizophrenen oder schizoaffektiven Psychosen. Psychotherapie im Dialog, 3 (3), 248–251

Huber, G., Gross, G., Schüttler, R. (1979). Schizophrenie: Verlaufs- und sozialpsychiatrische Langzeituntersuchungen an den 1945–1959 in Bonn hospitalisierten schizophrenen Kranken. Berlin u. Heidelberg: Springer.

Hubschmid, T. (1988). Schizophreniebehandlung ohne Heilungsanspruch. Die rehabilitative Familientherapie. In T. Keller (Hrsg.) (1988), Sozialpsychiatrie und systemisches Denken (S. 43–57). Bonn: Psychiatrie Verlag.

Imber-Black, E. (1992). Familien und größere Systeme. Heidelberg: Carl Auer.

Johannsen, J. (1997). Die Angehörigenvisite – ein besonderes Kooperationsmodell. Vortrag »Mitteldeutsche Psychiatrietage« am 18./19. April 1997, Halle/Saale.

Kauder, V. (1997). Personenzentrierte Hilfen in der psychiatrischen Versorgung. Kurzfassung des Berichtes zum Forschungsprojekt des Bundesministeriums für Gesundheit »Personalbemessung im komplementären Bereich der psychiatrischen Versorgung«. Manual. Behandlungs- und Rehabilitationspläne. Bonn: Psychiatrie-Verlag.

Keller, T. (2002a). Kooperationsgespräche »im Chaos der psychotischen Kommunikation«. Psychotherapie im Dialog, 3 (3), 277–283.

Keller, T. (2002b). Systemisches Handeln im Alltag des psychiatrischen Krankenhauses. In N. Greve, T. Keller (Hrsg.), Systemische Praxis in der Psychiatrie (S. 323–340). Heidelberg: Carl Auer.

Klebert, K., Schrader, E., Straub, W. (1987). Kurzmoderation. Anwendung der Moderationsmethode in Betrieb, Schule und Hoch-

schule, Kirche und Politik, Sozialbereich und Familie, bei Besprechungen und Präsentationen. Hamburg: Windmühle Verlag.
Klekamp, G., Knirsch, P., Vieten, B. (1996). Systemische Ansätze in einer Großinstitution der psychosozialen Versorgung – »Aus der Backstube kleiner Brötchen«. Systema, 10 (2), 53–66.
Klünsch, C. (2007). Klient statt Patient. Geist und Gehirn, 1/2, 72–75.
Kraepelin, E. (1896). Psychiatrie: ein Lehrbuch für Studirende und Aerzte. Leipzig: J. A. Barth.
Kruckenberg, P., Kunze, H. (1997). Personenbezogene Hilfen in der Psychiatrischen Versorgung. Tagungsbericht. Bonn, 23./24. April 1997. Köln: Rheinland-Verlag.
Krüger, M. (2000). Verhandeln in der Erwachsenenpsychiatrie: Behandlungsmenü. Vortrag beim Symposium »Zum Stand der Kunst – Systemische Therapie und Organisationsentwicklung in Psychiatrischen Einrichtungen«. Heidelberg, 3./4.2.2000.
Laing, R. (1972). Mystifizierung, Konfusion und Konflikt. In G. Bateson, D. D. Jackson, J. Haley, J. Weakland (Hrsg.), Schizophrenie und Familie (S. 274–304). Frankfurt a. M.: Suhrkamp.
Lidz, T., Cornelison, A., Fleck, S. (1958). Schizophrenia and the Family. New York: International University Press.
Ludewig, K. (1988). Problem-»Bindeglied« klinischer Systeme. Grundzüge eines systemischen Verständnisses psychosozialer und klinischer Probleme. In L. Reiter, J. E. Brunner, S. Reiter-Theil (Hrsg.), Von der Familientherapie zur systemischen Perspektive (S. 231–250). Berlin u. Heidelberg: Springer.
Ludewig, K. (2000). Das Familienbrett. Göttingen: Hogrefe.
Luhmann, N. (1992). Die Wissenschaft der Gesellschaft. Frankfurt a. M.: Suhrkamp
Maturana, U., Varela, F. (1975). Autopoietische Systeme: eine Bestimmung der lebendigen Organisation. In U. Maturana (1982), Erkennen: Die Organisation und Verkörperung von Wirklichkeit (S. 170–235). Braunschweig: Vieweg.
Maurer, H. (2009). SYMPA nachhaltig: Ein 3-Jahres-Follow-up zu Burnout und Teamklima in der systemischen Akutpsychiatrie. Unveröffentlichte Diplomarbeit. Universität Bielefeld.
Mayring, P. (2003). Qualitative Inhaltsanalyse. Grundlagen und Techniken. Weinheim: Beltz.

McGoldrick, M., Gerson, R. (2000). Genogramme in der Familienberatung. Bern: Huber.
Mecklenburg, H., Ruth, A. (2000). Verhandeln in der Erwachsenenpsychiatrie – Verträge in der Versorgungsregion. Vortrag beim Symposium »Zum Stand der Kunst – Systemische Therapie und Organisationsentwicklung in Psychiatrischen Einrichtungen. Heidelberg, 3./4.2.2000.
Meraki, I. (2004). Systemisch orientierte Bezugspflege: »Stellen Sie sich vor, heute Nacht passiert ein Wunder«. Pflegezeitschrift, 57 (8), 531–533.
Moldaschl, M. (2002). Lebenslinien. In S. Kühl, P. Strodtholz (Hrsg.), Methoden der Organisationsforschung. Ein Handbuch. Reinbek: Rowohlt.
Moser, C., Margreiter, J. (2001). Systemische Praxis in der Akutpsychiatrie – das Haller Modell. Familiendynamik, 26 (2), 135–151.
Mücke, K. (2009). Systemische Psychotherapie bei »psychotischen« Erlebens- und Verhaltensweisen. Ideen, Hinweise und Anregungen. Kontext, 40 (3), 243–260.
o. N. (2009). Themenheft: Trialog mit 17 Einzelbeiträgen. Sozialpsychiatrische Informationen, 39 (3), 4–43.
Osterfeld, M., Diekmann, B., Greve, N. (2005). Wie behandle ich meinen Arzt. Psychosoziale Umschau, 4, 18–20.
Ostermann, J. (1992). Die Angehörigenvisite. Unveröffentlichtes Manuskript.
Overall, J. E., Gorham, D. R. (1976). Brief Psychiatric Rating Scale. In G. W. Bonato (Ed.), ECDEU Assessment Battery (rev. ed., pp. 157–169). Maryland: Rockwille.
Pallenberg, J. (2000). Einige (Hypo-)Thesen zum Umgang mit Medikamenten in der Psychiatrie unter Einbeziehung systemischer Denkweisen. Vortrag beim Symposium »Zum Stand der Kunst – Systemische Therapie und Organisationsentwicklung in Psychiatrischen Einrichtungen«. Heidelberg, 3./4.2.2000
Retzer, A. (1994). Familie und Psychose. Stuttgart: Fischer.
Retzer, A. (2002). Passagen – Systemische Erkundungen. Stuttgart: Klett-Cotta.
Retzer, A. (2004). Systemische Familientherapie der Psychosen. Göttingen: Hogrefe.
Retzer, A., Weber, G. (1991). Entwurf eines Modells psychotischer

Systeme. In Retzer, A. (Hrsg.), Die Behandlung psychotischen Verhaltens. Heidelberg: Carl Auer.

Rotthaus, W. (1998). Stationäre systemische Kinder- und Jugendpsychiatrie. Dortmund: Verlag Modernes Lernen.

Ruf, G. D. (2005). Systemische Psychiatrie. Ein ressourcenorientiertes Lehrbuch. Stuttgart: Klett-Cotta.

Scheidt, P., Schweitzer, J., Maischein, L., Tebbe, B., Hirschenberger, N., Enßle, M., Krause, U., Voigtländer, W. (2001). »Wenn ich hier der Chefarzt wäre ...« – Interventive Interviews mit Patienten und Mitarbeitern einer psychiatrischen Abteilung. Psychiatrische Praxis, 28 (4), 158–162.

Schindler, H. (1995). Die Zeitlinie – eine Möglichkeit zur erlebnisintensiven systemischen Therapie mit EinzelklientInnen. Systhema, 9 (1), 53–60.

Schlippe, A. von, Schweitzer, J. (2007). Lehrbuch der systemischen Therapie und Beratung (10. Aufl.). Göttingen: Vandenhoeck & Ruprecht.

Schulz von Thun, F. (1981). Miteinander reden 1 – Störungen und Klärungen. Reinbek: Rowohlt Taschenbuchverlag.

Schulz von Thun, F. (1989). Miteinander reden 2 — Stile, Werte und Persönlichkeitsentwicklung. Reinbek: Rowohlt Taschenbuchverlag.

Schulz von Thun, F. (1996). Praxisberatung in Gruppen. Erlebnisaktivierende Methoden mit 20 Fallbeispielen zum Selbsttraining für Trainerinnen und Trainer, Supervisoren und Coachs. Weinheim: Beltz.

Schweitzer, J., Armbruster, J., Menzler-Fröhlich, K. H., Rein, G., Bürgy, R. (1995). Der ambulante Umgang mit »Pathologie« und »Chronizität« im Sozialpsychiatrischen Dienst mit betreutem Wohnangebot. In J. Schweitzer, B. Schumacher (Hrsg.), Die unendliche und die endliche Psychiatrie (S. 156–200). Heidelberg: Carl Auer.

Schweitzer J., Ginap, C., von Twardowski, J., Zwack, J., Borst, U., Nicolai, U. (2007). Training psychiatric teams to do family systems acute psychiatry. Journal of Family Therapy, 29 (1), 3–20.

Schweitzer, J., Engelbrecht, D., Schmitz, D., Nicolai, E., Borst, U. (2005). Systemische Akutpsychiatrie – Ein Werkstattbericht. Psychotherapie im Dialog, 6 (3), 255–263.

Schweitzer, J., Grünwald, H. (2003). SYMPA – Vorschau auf ein Großexperiment zur systemischen Therapie und Forschung in der Akutpsychiatrie. Systeme, 17 (1), 36–46.

Schweitzer, J. (1995). Kundenorientierung als systemische Dienstleistungsphilosophie. Familiendynamik, 20 (3), 292–313.

Schweitzer, J., Zwack, J., Nicolai E., Grünwald, H., Ginap, C., Twardowski, J. von (2006). SYMPAthische Akutpsychiatrie: ein Weg, systemische Therapie noch deutlich »alltagsfähiger« zu machen? Zeitschrift für Systemische Therapie und Beratung, 24 (3), 175–182.

Schweitzer, J., Grünwald, H. (2003). SYMPA: Vorschau auf ein Großexperiment zur systemischen Therapie und Forschung in der Akutpsychiatrie. Systeme, 17 (1), 36–46.

Schweitzer, J., Nicolai, E., Hirschenberger, N. (2005). Wenn Krankenhäuser Stimmen hören – Lernprozesse in psychiatrischen Einrichtungen. Göttingen: Vandenhoeck & Ruprecht.

Schweitzer, J., Raskopf, J. (2000). Psychopharmaka als Beziehungsthema. Kontext, 32 (2), 194–208.

Schweitzer, J., Rotthaus, W., Altmiks, M., Kröger, F., Wachter, M. von, Kirschnick-Tänzer, S., Oestereich, C. (2007). Stationäre systemische Therapie. Psychotherapie im Dialog. Psychotherapie im Dialog, 8 (1), 29–35.

Schweitzer, J., Schlippe, A. von (2006). Lehrbuch der systemischen Therapie und Beratung II: Das störungsspezifische Wissen. Göttingen: Vandenhoeck & Ruprecht.

Schweitzer, J., Schumacher, B. (1995). Die unendliche und die endliche Psychiatrie. Heidelberg: Carl Auer.

Schweitzer, J., Weber, G. (1982). Beziehung als Metapher. Die Familienskulptur als diagnostische, therapeutische und Ausbildungstechnik. Familiendynamik, 7 (2), 113–128.

Seikkula, J., Olson, M. E. (2003). The open dialogue approach to acute psychosis: Its poetics and micropolitics. Family Process, 42 (3), 403–418.

Seikkula, J., Alakare, B., Aaltonen, J., Haarakangas, K., Keränen, J. (2006). 5 years experiences of first-episode non-affective psychosis in open dialogue approach: treatment principles, follow-up outcomes and two case analyses. Psychotherapy Research, 16 (2), 214–228.

Selvini Palazzoli, M., Cirillo, S., Selvini, M., Sorrentino, A. (1992). Die psychotischen Spiele in der Familie. Stuttgart: Klett.
Shazer, S. de (1989). Wege der erfolgreichen Kurztherapie. Stuttgart: Klett.
Simon, F. B., Weber, G. (1988). Das Invalidenmodell der Sozialpsychiatrie. In T. Keller (Hrsg.), Sozialpsychiatrie und systemisches Denken (S. 58–72). Bonn: Psychiatrie Verlag.
Simon, F. B., Weber, G. W., Stierlin, H., Retzer, A., Schmidt, G. (1989). Schizoaffektive Muster – eine systemische Beschreibung. Familiendynamik, 14 (3), 190–213.
Spitczok von Brisinsky, I. (1999). Zur Nützlichkeit psychiatrischer Klassifikationen in der systemischen Therapie. Zeitschrift für Systemische Therapie, 17 (1), 43–51.
Stierlin, H., Weberg, G., Schmidt, G., Simon, F. (1986). Zur Familiendynamik bei manisch-depressiven und schizoaffektiven Psychosen. Familiendynamik, 11 (4), 267–282.
Stierlin, H., Wynne, L. C., Wirsching, M. (Hrsg.) (1983). Psychosocial Intervention in Schizophrenia. An International View. Berlin u. Heidelberg: Springer.
Svedberg, B., Mesterton, A., Cullberg, J. (2001). First episode non affective psychosis in a total urban population: a 5 year follow. Social Psychiatry, 36, 332–337.
Sydow, K. von, Beher, S., Retzlaff, R., Schweitzer, J. (2007). Die Wirksamkeit der systemischen Therapie/Familientherapie. Göttingen: Hogrefe.
Twardowsky, von J. (2005). Altering work-behaviour in acute psychiatry through further education in systemic therapy: Analysis of the effect of the SYMPA-program. Unveröffentlichte Diplomarbeit. Universität Maastricht.
Vaughn, C. E., Leff, J. P. (1976). The influence of family and social factors on the course of psychiatric illness. British Journal of Psychiatry, 129, 125–137.
Vieten, B., Engelbrecht, D., Joachimsmeier, B., Möller, W., Oerzen, C., Wrede, K. von, Zimmerer, F. (2009). Systemische Konzepte in einer Klinik für Psychiatrie und Psychotherapie – vom Solo- zum Formationstanz. Kontext, 40 (3), 261–278.
Wambach, S., Kojan, I., Burgardt, C., Häuser, W. (2001). Der Arztbrief. Der Entlassungsbericht aus akutpsychosomatischer Kran-

kenhausbehandlung im Spannungsfeld zwischen Patient- und Arztinteressen, Danteschutz und medizinischem Controlling. Psychotherapeut, 46 (1), 43–50.

Weber, G., Simon, F. B., Stierlin, H., Schmidt, G. (1987). Familientherapie bei manisch-depressivem Verhalten. Familiendynamik 12 (2), 139–161.

VanderWeele, T. (2006). The use of propensity score methods in psychiatric research. International Journal of Methods in Psychiatric Research, 15 (2), 95–103.

White, M. (1992). Therapie als Dekonstruktion. In J. Schweitzer, A. Retzer, H. R. Fischer (Hrsg.), Systemische Praxis und Postmoderne. Frankfurt am Main: Suhrkamp.

White, M., Epstein, D. (1990). Die Zähmung der Monster. Literarische Mittel zu therapeutischen Zwecken. Heidelberg: Carl Auer.

Wynne, L. M., Singer, M. T. (1963). Denkstörung und Familienbeziehung bei Schizophrenen. Psyche, 19, 82–160.

Wynne, L. M., Ryckoff, I., Da, J., Hirsch, S. (1958). Pseudo-Gemeinschaft in den Familienbeziehungen von Schizophrenen. In G. Bateson, D. D. Jackson, J. G. Haley (Hrsg.) (1969). Schizophrenie und Familie (S. 44–80). Frankfurt a. M.: Suhrkamp.

Zwack, J., Schweitzer, J. (2007a). Multiprofessionelle systemisch-familientherapeutische Teamweiterbildung in der Akutpsychiatrie, Auswirkungen auf die Teamkooperation und die Mitarbeiterbelastung. Psychiatrische Praxis, 34, 1–7.

Zwack, J., Schweitzer, J. (2007b). Systemtherapeutisches Arbeiten in der Akutpsychiatrie. Familiendynamik, 32, 247–261.